逆境リーダーの挑戦
最年少市長から最年少知事へ

鈴木直道
Suzuki Naomichi

PHP新書

JN110565

はじめに

私は二〇一一年に三十歳で当時全国最年少の市長として北海道夕張市長となり、二〇一九年に三十八歳で当時の最年少知事として北海道知事のお役目をいただきました。

夕張市は財政破綻した日本で唯一の財政再生団体です。

また、知事就任前から北海道の財政は悪化していたほか、就任後は全国で最も早く新型コロナウイルスの感染拡大の危機に直面しました。こうした「逆境」とも言える状況のなかで、私なりに悩み、考え、行動してきました。

人生は、決して順調なときばかりではなく、逆境に置かれるときが誰にでもあるのではないでしょうか。

私の人生経験はまだ短いですが、好むと好まざるとに関わらず、厳しい状況の中で自分を追い込み、乗り越えなければならない目標を持ち、逆境に身を置くことが多かったように思います。

そのなかで、大切にしてきたことはまず「動くこと」です。

辞書には行動力とは「目的のために積極的に行動する力」とあります。ただ、目的のために一人で動いても周囲から浮いてしまうこともあります。

実際、私が給与の安定した東京都の職員を退職し、夕張市長選に立候補を宣言したときの周囲の反応もそうでした。なんとか当選したとしても、当時の夕張市長の給与は七〇パーセントカット、退職金は一〇〇パーセントカットされていました。私の年収は東京都庁勤務のときより二〇〇万円も下がり、退職金とそれまでの貯金は選挙準備でほとんどがなくなるという状態。「変わったやつ」と思われても無理もないことです。

当時の私のように、たった一人で動いただけでは大きな力にはならないのかもしれません。しかし、一人の行動が相手や周囲に影響を及ぼし、より大きな動きとなることで、組織や社会が良い方向に動き出すことがあります。そのムーブメントに関わった人たちが、行動によって起こった変化を実感できたとき、それは真の行動力となるのだと私は考えています。

「行動力は一人で完結するものではない」ということです。

自分を信じてくれる人たちの理解と共感、そして協力によって物事が動き、その力が時には反対者をも引き込んで、大きな力になっていく――。そういった意味で、周囲を巻き込む力は逆境の中で何かに挑戦するとき、とても大切だと実感してきました。

組織やグループのなかでうまくいかないとき、身近な誰かに理解してもらい、だんだんと共感してくれる人が増え、物事が動いていったという体験は皆さんにもあるのではないでしょうか？　まさに私はそうでした。

夕張市長に立候補すると決め、夕張市に片道切符で降り立ったときに応援してくれたのは、わずか七人の市民。住むところも決まっておらず、最初は知り合いの家に居候させてもらいながら、「夕張市を変えたい」という思いに共感してくれる人や、助けてくれる人を増やしていきました。

人とのつながりが強まり、同じ方向を向いて手を取り合うことで、大きな動きになり、夕張市長として八年間仕事をさせていただくことができたのです。私の場合は自治体経営という特殊な環境ではありますが、物事を大きく動かしていくためには「人の力」が必要です。そうした人たちとのご縁や出会いへの感謝を忘れてはならないということは、どのような立場でも変わらないと私は信じています。

これまで私は、まず行動し、さらに人を巻き込んだときに生まれる力の大きさを何度となく実感してきました。本書ではそうした経験に基づき、逆境のなかにあって大きな決断を迫られたときに私自身がどう動いてきたか、どのようなことを学んできたかについて述べています。
皆さんそれぞれ、組織の人間関係のなかで行動し、結果を出そうと奮闘した体験をお持ちだと思います。私には自分の経験をお伝えすることしかできませんが、人を巻き込み、引きつけていく力を発揮するにはどうすればよいのかを考えるうえで、本書がお役に立てば、こんなに嬉しいことはありません。

鈴木直道

逆境リーダーの挑戦

目次

第1章　コロナ禍での意思決定

第2章　逆境に負けない行動力

第3章　財政破綻した自治体の首長ができること

第4章 人を勇気づけ、行動に駆り立て、周囲を巻き込む

第5章 理解と共感、そして協力を得る

第6章 北海道から日本を変えるために

※本書の肩書き・役職などは、当時のものです。

第1章

コロナ禍での意思決定

■「コロナ危機」における決断

「ついにきてしまったか。これは大変なことになるかもしれない」

二〇二〇年一月二十八日、道内で初めての新型コロナウイルス感染症の感染者が確認されました。そのとき私は「感染の可能性のある方が確認された」と連絡を受け、東京への出張をすぐに切り上げて、北海道へ戻ってきたところでした。知事室で担当職員から「新型コロナウイルス感染症の陽性が確定されました」との報告を受けました。職員が退出し、知事室のドアが閉まる音が部屋に響きました。知事室で一人になり、頭の中で今得られる情報をすべて集め、起こっている状況を正確に把握すること、今後感染が拡大した際にどのように対策を講じるべきか、道民にどう伝えるかに考えを巡らせました。そしてすぐに対策本部会議を招集したのです。

北海道知事に就任して十カ月、知事として二年目を迎える矢先でした。今思えばこのときから北海道では、現在まで続く新型コロナウイルスとの闘いが始まったのです。

二〇一九年末からの新型コロナウイルス感染症の世界的な流行は、各国に危機的状況をもたらしました。

二〇二二年十二月四日現在までの世界の感染者数は六億四一九万五九三一人、死者六六二万二七六〇人（WHO＝世界保健機関調べ）。歴史を紐解《ひもと》いても、人類史上最大級のパンデミックと言っても過言ではありません。

日本では、二〇二〇年一月十五日に初の感染者を確認。

道内で初めて感染者が確認された一月末から二月初めにかけて、新型コロナウイルスに対する警戒感が高まっていたのは、北海道のほかには、複数の乗客の感染が確認されたクルーズ船「ダイヤモンド・プリンセス号」が横浜港に停泊中の神奈川県ぐらいで、感染者が出ている地域の住民と、感染者が出ていない地域の住民（この時点ではほとんどの国民）との間には、危機意識にかなりの温度差がありました。

その後、各都道府県では、対策の陣頭指揮を知事が執ることになりました。それまで知事を遠い存在だと思っていた方々も、コロナ禍《か》を機に身近に感じ、知事がどういう決断をするのか、賛否両論を含めて社会的な関心が高まりました。これは今までになかった状況でした。

図らずも私は、日本の首長のなかで最も早くこの問題に向き合い、決断を迫られました。

新型コロナウイルスとの闘いは今も続いていますが、この章では主に、二〇二〇年当時の北海道における新型コロナウイルス感染症対策の取り組みを例に、トップとしての決断と行動のあり方、危機管理のプロセスなどについて述べることにします。

北海道内で最初に感染者が確認されたのは、二〇二〇年一月二十八日。中国・武漢市から羽田経由で観光に来られた四十代の女性でした。

冬の観光シーズンが到来した北海道は「さっぽろ雪まつり」が開催される時期でもあり、多くの中国人観光客が来道していたことから、私は非常に強い危機意識を持ちました。

即日、「北海道感染症危機管理対策本部」(以下、対策本部)を設置。第一回対策本部会議を開いて対策を協議しました。

その頃はまだ、新型コロナウイルス感染症は「得体のしれない病気」で、どのような対策をとれば間違いないという前例もありませんでした。誰も経験したことのない状況のなかで決断を迫られることになりました。しかし、**手探りの状態でも「やれることは、すべてやる」という考えのもと、対策を講じていくのがリーダーの仕事です。**

道として取り組んだ新型コロナ対策のなかには、道内の小中学校の一斉休業や、道独自の緊急事態宣言など、国に先駆けて実施したものもあります(表1参照)。難しい判断の連続で、厳しい選択を迫られる場面が何度もありましたが、可能な限り迅速に決断し、行動に移さなければならない。その一念で、知事として全身全霊、道としての総力を傾けて取り組んだ危機管

表1 北海道における新型コロナウイルス感染症対策の主な取り組み

（2020年1～6月。アミ掛け部分が道の取り組み）

１月15日	国内初の感染者を確認
１月28日	道内初の感染者を確認（中国・武漢市からの旅行者） 「北海道感染症危機管理対策本部」を設置。第１回会議実施
１月30日	国が「新型コロナウイルス感染症対策本部」を設置
２月７日	本庁・保健所に「帰国者・接触者相談センター」を設置 全道各地域の医療機関に「帰国者・接触者外来」を設置。相談・医療体制等を強化
２月14日	道民初の感染者を確認（２月中下旬、道内全域で広範囲に新規感染者発生）
２月25日	「北海道感染症危機管理対策本部」の下に「新型コロナウイルス感染症対策チーム」を設置 厚労省、「新型コロナウイルス感染症対策本部」に「クラスター対策班」を設置→クラスター対策班職員の派遣を要請、職員３名が来道 知事から道教育長に対し、小中学校の一斉休業の検討を要請
２月27日	道内の一斉休業開始（３月４日まで）
２月28日	道独自の緊急事態宣言を発出（３月19日まで）
２月29日	知事上京、安倍総理大臣に対し北海道への重点支援を緊急要請
３月２日	道内も含め、国が全国で小中学校などの一斉休業開始（春休み明けまで）
３月13日	改正新型インフルエンザ等対策特別措置法が国会で成立
３月19日	道独自の緊急事態宣言終了
４月７日	国が緊急事態宣言を発出（対象は７都府県、５月６日まで）
４月12日	北海道・札幌市緊急共同宣言を発出
４月16日	国が緊急事態宣言を全都道府県に拡大
４月17日	道の緊急事態措置を決定
４月20日	道の緊急事態措置を改訂し、休業要請等を追加
４月30日	知事・札幌市長・道市長会長・道町村会長連名による「ゴールデンウィーク」緊急メッセージを発表（５月８日に第２弾、５月15日に第３弾の計３回発表）
５月４日	国が緊急事態宣言の期間を５月31日まで延長
５月15日	緊急事態措置の改訂（石狩地域を除く地域について休業要請の一部解除）
５月25日	国の緊急事態宣言解除　道の緊急事態措置解除
６月１日	全施設の休業要請を解除　外出自粛・イベント開催制限の段階的緩和を開始

理対策でした。

■北海道で日本初の緊急事態宣言を発出

北海道では「さっぽろ雪まつり」が終了した二月中旬以降、札幌での感染確認が少ない一方で、道内全域で広範囲に新規感染者が確認されました。道内人口の四割が集中している札幌市に感染が偏っているのならわかるのですが、むしろ札幌は少なく、根室や旭川など道内各地に散らばるように広がっているのです。このことに私は疑問を覚えました。

三月に入ってからお聞きした専門家の見解では、「これは仮説だが」という前置きのあと、「北海道の地理的特徴として、札幌をはじめとする都市部には社会・経済活動の活発な若年層が集中しており、感染リスクが高い場所に人が多く集まりやすい。そこで感染しても、若年層には発熱症状などのない軽症の人が多く、感染に気付かないまま他の圏域に行き来することで、人口の少ない道内の複数の地域に感染が拡大し、重症化しやすい高齢者に感染が確認されていると考えられる」ということでした。

結果的に、この仮説は当たっていたのですが、それはあとからわかったことです。

一月三十一日から二月十一日まで開催された「さっぽろ雪まつり」についても、当時としてはできる限りの感染防止対策を講じていましたが、現在「常識」になっているような対策ができていなかった部分もあり、リスク要因の一つになっていたのかもしれません。しかし、これも「今になって考えてみれば」の話です。

二〇二〇年二月中旬の時点では、新型コロナウイルスがどのように広がっているのか見当がつかず、これは大変なことになると、「見えない敵」に対する危機感はいっそう募りました。全国の薬局や量販店からは、マスクやアルコール除菌液などが姿を消してしまい、わずかに入荷するマスクを求めて人々が開店前から行列をつくる事態になっていました。

こうした状況のなか、私は加藤勝信《かつのぶ》厚生労働大臣に直接電話をして、「感染症対策の専門家を北海道に送ってください」とお願いしました。「見えない敵」の解明に必要だっただけでなく、「もし全国に感染が広がれば、さらに深刻な事態になる」と危惧したからです。そうした事態に備える意味でも、専門家に北海道の実情を早く見てもらう必要があったのです。

二月二十五日、厚生労働省の「新型コロナウイルス感染症対策本部」に「クラスター対策班」が設置されたことを受け、改めて派遣を要請し、その日のうちに国立感染症研究所の職員ら三名の専門家が来道してくれました。道では、本庁舎の地下一階にある危機管理センターの大部屋に、庁内各部局から三〇～四〇名の職員が集まり対応に当たっていました。国から派遣された三名には、そこに合流してもらい、彼らの指導や助言を受けながら、集団感染に対応するノウハウや知見の蓄積、積極的疫学調査などの対策に取り組んでいくことになりました。

図1 都道府県別の新規感染者数

（2020年2月28日までの累計）

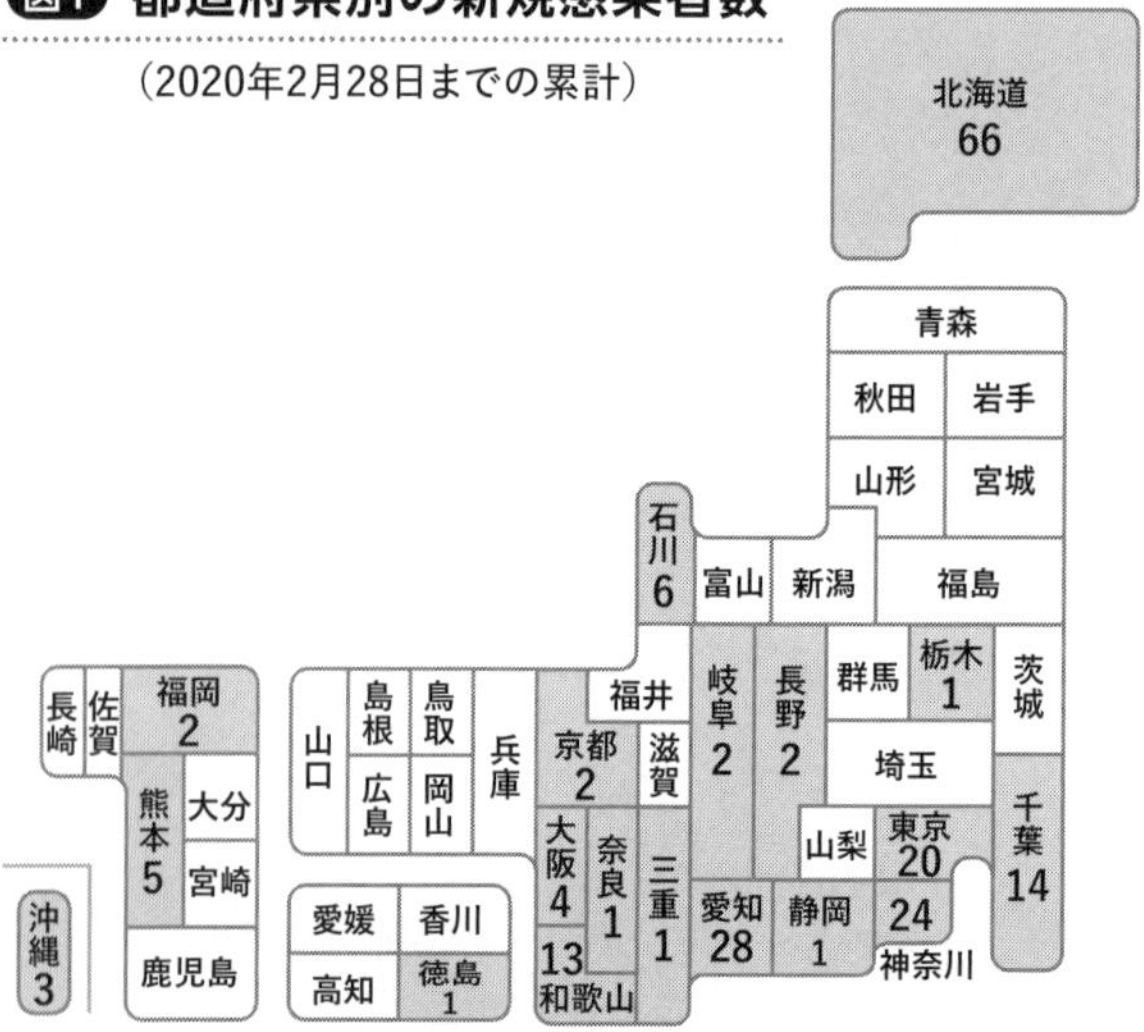

北海道は全国で初めてクラスターが確認された地域であり、ここで行われたクラスター対策が日本の新型コロナウイルス感染症対策の指針となりました。国の対応を待つのではなく、専門家チームをいち早く整備し、情報を集めることを提案して早期に実行した結果だと思っています。

一方、道内では二月二十七、二十八日の二日連続で二桁の新規感染者が確認されるなど、全道での感染拡大が懸念されました（図1）。政府の「新型コロナウイルス感染症対策専門家会議」のメンバーからも、二十八日の午前中に、次のような助言が届きました。

「この一～二週間で、人と人との接触を可能な限り抑えることが必要。積極的な対策をとらなければ、道全体で急速に感染が拡大しかねない」

急激な感染拡大（オーバーシュート）が起これば医療崩壊につながり、道内の経済活動も立ち行かなくなってしまいます。私はこの助言を重要視し、ただちに三人の副知事やコロナ対策担当の道庁幹部を招集し、午前と午後の二度にわたり対策を協議しました。

人と人との接触を減らさなければいけないことは、私たちにもよくわかります。では、どうすればいいのか。専門家会議から具体策が示されたわけではありません。**専門家の仕事は、研究成果や知見に基づいて助言すること。それらの助言を対策に落とし込み、決断するのが政治家の仕事です。**

そして対策を道民にどう伝えるかは、知事である私に委《ゆだ》ねられていました。その場で私は、北海道独自の緊急事態宣言を出すことを決断しました。

対策本部会議での決定を経て、臨時記者会見で緊急事態宣言を出したのは、二月二十八日の午後六時過ぎ。安倍晋三総理が国としての緊急事態宣言を発出する四十日前のことでした。

人を行動に導く言葉とは……

専門家から適切な助言を受け、トップがその時点で最も正しいと思える意思決定をしても、**その内容が皆にうまく伝わらなければ具体的な行動につながらず、政策としての意味はゼロに**

等しくなってしまいます。その意味で、組織のトップには、まさに、広報マンとして「伝える力」が求められます。

道庁幹部との協議や対策本部会議で私が悩んだのは、「人と人との接触を可能な限り抑える」ということを、どのような言葉で道民の皆さんに伝えるか、ということでした。

今ならすんなりと理解してもらえますが、その頃はまだ、ヨーロッパでもロックダウンなどの外出制限を実施していませんでした。おそらく中国以外で最初に対応を迫られたのが北海道でした。専門家が言う「人と人との接触を抑えてください」ということは私たちにも理解できました。しかし、ではどうすればいいのかについての具体策はありませんでした。「人と人との接触を抑えてください」と言われても、道民は「どういうことなの?」と困惑し、逆に混乱を招いてしまうかもしれません。これには皆、頭を抱えました。

最終的には、「外出を控えて、家にいてください」と言うのが最もわかりやすいだろう、と私が判断しました。行動としては、それをまず道民の皆さんに求めよう。

ただ、道庁幹部との協議では、「多くの道民が平日は出勤せざるを得ず、外出するなとは言えないのではないか。強いメッセージは週末に限ったほうが良いのでは」という声が上がったため、この意見を容《い》れて、外出自粛はビジネスパーソンの多くが休む土日に限ることにしました。

外出自粛の要請期間については、協議の席上、「ウイルスの潜伏期間とされている二週間に加えて、要請の効果や影響の分析などに必要な相当程度の時間も考慮すべきだ」という意見が出ました。道民の負担を必要最小限にとどめたかった私は、分析などに必要な期間を一週間とし、要請期間を計三週間（二十一日間）とすることに決めました。北海道で決定した三週間という要請期間が妥当であったことは、のちに専門家会議などで追認され、その後、政府も同様に外出自粛の要請期間を三週間とすることとなりました。

この対策がきっかけとなり、「緊急事態宣言」をはじめ、「外出自粛」「一斉休業」などの文言が生まれることになりました。

もう一つ、私が悩んだのは、「なぜ外出を控えなければいけないのか」を理解してもらうために、今の大変な状況を端的に伝える言葉は何か、ということです。道庁幹部との話し合いでは、「非常事態」「緊急事態」「警報」など複数の案が上がりましたが、「緊急事態宣言が、最も道民の皆さんに響くのではないか」と判断しました。

臨時記者会見はテレビで放送されましたが、**緊急のフェーズで多くのことを話しても伝わりにくいので、**メッセージは「現在の北海道は危機的状況にあること」「外出を控えてほしい」の二つに絞りました。正しい対策と受け止めてもらえるか、不安な気持ちもありましたが、生放送されているカメラに向かってその先にいる道民の皆さんに届くように「道民の命と健康を守るためにご協力を」と必死に訴えました。

危機意識を共有するための工夫も凝らしました。臨時会見でのマスク着用です。テレビの向こうで会見を見ている子どもからお年寄りに至るまでの幅広い道民に、道民の代表である私の外見の変化から事態の深刻さを感じ取ってもらいたい、と考えたうえでの行動でした。私の「マスク会見」は批判もされましたが、それについては改めて述べることにします。

知事の定例会見は原則週一回ですが、その後は対策本部会議で何か決めるたびに記者会見を開きました。

道民の皆さんに納得していただけるよう、なぜその判断をしたのかを丁寧に説明したため、SNS上に「もっと短く喋《しゃべ》って」と苦言が寄せられたこともあります。そこで、質疑に入るまでの冒頭発言は長くても二十分以内、と改善を図りました。

記者との質疑応答を続けて、一回の会見に三時間かかったこともありました。記者の質問が尽きるまで、何時間でも丁寧に説明をして理解してもらう努力をすることで、報道機関の向こう側にいる道民の皆さんに伝えることができる、という信念があるからです。今もその気持ちで会見を開いています。

■決定権者を巻き込むために

「新型コロナウイルスに関する緊急要望を、政府に行いたいと思います」

道独自の緊急事態宣言を発出した二月二十八日の会見で、私はそう言いました。

その日までに、北海道では国内最多となる六六名の感染が確認されていたことから、「日本で最も感染者が多い北海道の実情を、安倍総理に直接お伝えしたい」「北海道を重点対策地域として、緊急かつ集中的に支援していただきたい」とも述べました。

安倍総理との面談が実現したのは、翌二十九日です。

あまりにも早く実現したため、前々から首相官邸と話がついていたのだろう、と思った方もいたようですが、会見の時点では、安倍総理へのアポ取りはまったくできていませんでした。

会見のあと、菅義偉《すがよしひで》内閣官房長官に電話をして、こうお願いしたのです。

「このままでは北海道は大変厳しい状況になってしまいます。どうか総理に会わせてください」

イレギュラーな行動ではありましたが、道内の感染拡大をなんとかして防がなくては……という思いからの必死のアポ取りでした。

日程がびっしり詰まっている安倍総理に時間を割いていただくことができたのは、会見の最後に私がこう言っていたからかもしれません。

「私は、この現場の声というものに、総理はきっと耳を傾けてくださると思いますので、大変お忙しいとは思いますが、お時間をいただいて、なんとか緊急要望という形で、できるだけ早くそれを行いたいと思っているところであります」

官邸サイドには、国としての対策が定まらないなかで知事と会うのは避けたい、という政治的思惑もあったかもしれませんが、「北海道は危機的状況にあるので、なんとか時間を取ってください」と、マスコミを通して訴えたのです。あくまでも想像ですが、もしこの願いが聞き届けられていなかったら、官邸に対するマスコミの論調や世論は、「北海道がこんな大変な状況になっているのに、少しでも時間を割いてやれないのか」という方向に傾いていたかもしれません。

二月二十九日の面談では、検査体制の強化や治療・相談体制の充実、教育機関等での感染拡大防止対策など、全二六項目に及ぶ「新型コロナウイルス感染症への対応に関する緊急要望」(以下、要望書)を安倍総理にお渡しして、北海道を重点対策地域として緊急かつ集中的に支援していただきたい旨をお願いし、「しっかり対応していきたい」との言葉をいただきました。あわせて、菅官房長官と加藤厚労大臣に対しても緊急要望を行いました。

安倍総理に要望書を手渡すとき、私はこう申し上げました。

「総理、そんなことが起きてほしくはありませんが、もしかしたら日本中で北海道のように感染が拡大するかもしれません。万が一、そうなったときには、道への重点支援が先行事例となり、対策を講じる際のモデルになります。北海道で対策を総動員して知見を積み重ねたから、全国への対策が後手にまわらなくてよかった、ということになります。ぜひ、国と道が連携して『北海道モデル』をつくるべきです。そのために力を貸してください」

国も方針がわからない。誰も方針がわからない。けれど、私をはじめとする道庁職員は、道民の命を守るために行動しなければならない、という思いからの言葉でした。

緊急要望書の「重点提案・要望事項」の一つに挙げていた、学校の臨時休業や感染した子どもの自宅療養にともなう保護者に対する休業補償は、同年三月に厚労省が新たに設けた助成金制度（新型コロナウイルス感染症による小学校休業等対応助成金・支援金）につながり、全国で一斉に外出自粛や学校の休業が行われたとき、スムーズに助成金などの補償が実現するようになりました。これは、道内の感染が先行拡大していた時期の道の取り組みや要望が「北海道モデル」として全国に広がった事例の一つと言えると思います。

その後、四月七日に国が発出した緊急事態宣言では、北海道は実施区域の対象外とされましたが、同月十六日、国は実施区域を全国に拡大。北海道を含む一三都道府県は、「特別警戒都道府県」に指定されました。

同調圧力に屈しない

私が公の場でマスクを着用し始めたのは、道としての緊急事態宣言を出した記者会見のときからです。以後、ずっとマスク会見を続けました。

安倍総理に緊急要望書を手渡したときの写真撮影でも、私はマスクを着けていましたが、総理はマスクをしていなかったので、失礼かなと思い、「私もマスクを外しますか？」とお聞きしたところ「そのままで結構です」と言われました。

今でこそマスク着用は当たり前になっていますが、二〇二〇年二月の時点ではまだそんな感じで、菅官房長官も加藤厚労大臣もノーマスクでした。官邸ロビーに集まっていた記者たちも、マスクをしていない人のほうが多かったと記憶しています。

当時、WHOは「マスクの使用は、咳《せき》などの症状がある人に限定されるべき」との指針を出していたため、私のマスク着用はかなり批判されました。

「健康な人はマスクなしで大丈夫と聞いたが、知事は風邪でも引いているのか？　マスク不足が深刻化しているのに腑《ふ》に落ちない」という新聞記事が載ったこともあります。

「なぜ健康な知事がマスクをしているのですか？　マスクは外すべきではないでしょうか」

と、記者会見で記者に言われたこともありました。このときは、

「皆さんと近い距離で長時間お話しするので、感染予防策としてマスクをしています」

と答えましたが、記者は納得のいかない様子でした。

その後、マスクにはウイルスの拡散を防ぐ一定の効果があることが確認され、北海道で再び

感染が広がった四月には、国が北海道に対して優先的に不織布マスクを配布してくれました。全国民への布製マスクの配布よりも前のことです。「国からマスクが配られたことで、やはりマスクをしなければいけないのではないかと思った」と言っていた道職員もいたほどです。つまり、道庁のなかにも私のマスク会見に疑問を持っていた職員がいたということです。

日本は同調圧力が強く、それにあらがうのは難しいと言われます。

「マスクは不要」という同調圧力に私が屈しなかったのは、国内の専門家と意見交換したときに、かつてＷＨＯに勤務されていた東北大学大学院の押谷仁《おしたにひとし》教授から、「専門家のなかでも、無症状の人が飛沫《ひまつ》で感染を広げている可能性があるのでマスクは必要という意見と、無症状ならマスクは不要という意見に分かれている」という話をうかがったからです。

それならマスクを着けようと思いました。**危機管理の観点から、どちらの意見が正しいかわからない場合には、少しでも危険性のある選択肢は避けるべきだ**、という判断です。また、記者会見で私がマスクを着用することで、道民の皆さんが「やっぱりマスクをするほうがいいんだな」と思ってくれればいい、という気持ちもありました。

あとになって、「マスクなしで大丈夫なんだ。知事の判断ミスだったね」となれば、私が責任を取ればいい話です。しかし、「あのとき皆がマスクをしていれば、もっと感染を防げたし、亡くなる人も少なくてすんだのに」となってからでは責任の取りようがありません。

ところで、マスク会見については、道民の皆さんから貴重な指摘もいただきました。道独自の緊急事態宣言以降、知事の記者会見はリアルタイムですべての道民・国民の方々に見ていただけたらいいね、という趣旨でライブ配信をするようになったのですが、聴覚障がい者の団体から、「マスクをしていると何を喋っているかわからない」という声が届いたのです。

それまでは記者会見の様子を録画し、編集するときに手話通訳を入れていたのですが、ライブ配信ではそれができません。そこに考えが至らなかったことを大いに反省しました。すぐに手話通訳の方々に相談すると、皆さん快く「協力しますよ」と言ってくださったので、手話通訳会見を行うことができ、以後、ずっと続けています。

現在では国や他の都府県でも手話通訳会見がスタンダードになっています。

異論や反論を十分に聞いたうえで、最後はトップが判断する

北海道が国に先駆けて実施した新型コロナ対策の一つに、小中学校の一斉休業（二〇二〇年二月二十七日開始）があります。

二月二十一日、道内のある小学校で児童二名の感染が確認されました。同一地域での子どもの複数感染は、全国でも稀《まれ》な事例でした。

その後も、わずかな期間に、給食の調理配膳員や教諭など学校関係者の感染が、各地で相次

いで判明。不安に駆られた保護者から、「子どもを学校に行かせていいのか」「給食を食べて大丈夫なの？」といった問い合わせが次々と寄せられ、学校給食は停止となりました。

今ではありえない話ですが、当時は軽症の感染者が一人出ただけで、学校全体がパニックになっていました。「見えない敵」に対する恐怖は、それほど大きかったのです。

二月二十五日、文部科学省から各都道府県の教育委員会に対して、「児童・生徒等が感染した場合には、学校の臨時休業をすみやかに行うこと」などの通知がありました。

しかし、感染者がはっきりと確認された学校や地域以外にも、軽症の感染者がいるかもしれません。教育現場での検温や消毒は、今では当たり前になっていますが、当時はまだ何も行われておらず、児童・生徒やそのご家族、学校関係者の健康状態もわからない状態。「子どもの重症化リスクは低いのではないか」という説もありましたが、仮に学校でクラスターが発生すれば、当時はまだ未知の部分が多かったウイルスに子どもたちが次々と感染してしまうという最悪の事態が起こるかもしれません。さらに、学校から地域へと感染が爆発的に広がる恐れもあります。

こうしたリスクを考えると、すぐにでも全道約一六〇〇の小中学校を一斉休業すべきだと思い、同日、副知事や道教育委員会のトップである道教育長らとその是非を協議しました。そこでは次のような議論がありました（私以外の発言はA〜Eにしています）。

私「後手後手の対策ではなく、今やるべきことをやる。保護者の不安を解消するために、学校を休業して施設を消毒してはどうだろう。子どもたちや先生方の健康状態についても、これからは検温などを行うにせよ、休業中に過去二週間の健康状態をいま一度振り返りチェックしてもらいましょう。一回冷静になってリセットする意味でも学校の休業は必要です」

A「確かに、施設の消毒や毎朝の検温を徹底して学校は安全と理解してもらう必要があります」

B「しかし、文科省の通知では学校の休業は市町村単位だ。道全体は想定していません」

C「感染症予防の啓発のための授業や休日の一斉清掃といった取り組みも考えていますが……」

私「啓発だけではなく、ここは実効性の高い取り組みを進めるべきでしょう」

D「いや、休業が世の中に与えるマイナスイメージを勘案すべきですよ」

E「そもそも、感染拡大防止の観点から、休業することにどんな意味があるんですか？」

出席者から出てきた意見は慎重論が大勢を占めていました。皆、学校を一斉休業すれば大問題になると考えていたのです。学校の一斉休業の影響が大きいことは私も承知していますし、前例のない事態に腰が引けてしまうのも無理からぬこととは思います。

とはいえ、代案がなかなか浮かばない。こうしたなかで、異論や反論を十分に聞いたうえで、皆に納得してもらえるよう説得して従ってもらったのが、全道の一斉休業の判断でした。

その日の対策本部会議で、私は道教育長に対して小中学校の一斉休業の検討を要請しました。

影響の大きな決定はフォローアップとセットで

翌二十六日の会議で、学校の休業期間は保護者の負担を考慮して一週間と決めました。道教育長から各市町村の教育長に対して、学校の一斉休業への協力を要請してもらい、私からは各市町村長に対して同様の要請を行いました。

また、保護者の負担を考慮したとはいえ、一週間も仕事を休めないという方は多いので、道内の経済八団体に対して、子どものいる人たちが休暇を取れるよう支援をお願いしました。医療現場は特に学校の一斉休業の影響を受けるので、看護協会や医師会に、休暇取得や現場でのローテーションなどについて配慮をお願いしました。

国に対してもフォローを要請した結果、その後、「新型コロナウイルス感染症対応休業支援金・給付金」の制度が出来ました。まだ十分ではないかもしれませんが、**十分な制度をつくろうとすれば一年も二年もかかってしまうので、まずは今できる範囲内でのフォローアップを実施することが大事**ではないかと当時は思っていました。

こうして二月二十七日、全道で小中学校の一斉休業が始まりました。

ところがこの日、国は、全国すべての小中高等学校と特別支援学校に、三月二日から春休み開始日まで臨時休業とすることを要請したのです。テレビニュースでそれを知り、私は仰天しました。感染者があまり出ていない地域も含めて全国一律に休業するという判断は、まったく予想外だったからです。しかも、実質的な休業期間は春休み明けまで一カ月強。保護者の負担を考えると、それほど長い休業は、私の頭にはまったくありませんでした。

結局、道独自の一斉休業は事実上二日間（週末を除く）で終了し、三月二日からは国の要請を踏まえ、高校と特別支援学校を含む全国一斉の臨時休業に移行することになりました。

「結果責任はすべて負う」

道独自の学校の一斉休業は、当時道庁が持っていた情報を幹部全員で共有し、皆の意見に耳を傾けたうえで、「前例はないが必要だ」と私が判断し、トップダウンで実施した対策です。

このような場合、もし実施した対策に何か少しでも不都合が起これば、組織そのものへの批判が高まります。**批判されるリスクを冒してでも前例のない判断をするのか、このままもう少し様子を見るか、となったとき、役所というのはだいたい「様子見」をするものです。**私も二十年以上役所で働いているので、それはわかっていましたが、異論や反論が続出するこの局面では政治的判断をしないと収まらないと考え、あえて前例のない判断を選択しました。

　様子見をしているうちに学校で感染が広がって、子どもたちが将来を失うような事態になれば、もう救えない。私の判断が間違っていたとわかって批判されたときには、知事を替えればいいだけのこと。どちらがいいかは考えるまでもなく、後者のほうがいいに決まっている。

「結果責任はすべて自分が負う」と腹をくくりました。

　前例なき対策を打ち出すときには、誰かが腹をくくらなければならない。それはトップの役目です。あとは、なぜその対策をとらなければならないのかを皆に説明し、理解してもらうための発信力。トップに求められるのはそれだけ、と言っても過言ではないでしょう。

　また、道庁職員の不安を強く感じ取っていたので、「自分はブレてはいけない」とも思っていました。

　道庁の職員にも子どもを持つ人がたくさんおり、学校が一斉休業になれば自分たちの生活にも影響が出てきます。得体の知れないウイルスへの不安、それに対処しなければならない行政職としての不安、親としての不安、一道民としての不安……。全部「自分事」なのです。

　そこへ私が自信なさそうに「一斉休業をやってみます。協力してもらえますか？」などと言ったら、どうなるでしょう。**トップの精神状態は部下には透けて見える**ので、職員たちは「こんな頼りない知事で大丈夫なのか」とますます不安になり、拠《よ》り所《どころ》をなくしてしまいます。

「責任は私が負う。だから協力してくれ！」

と、ブレずに断言するほうがわかりやすいし、言われる側も心強いはず。

こういうやり方には危うさもあることはわかっていましたが、ここで腹をくくって決断しなければ誰もついてきてくれないし、言うことを聞いてくれる状況ではなかった。あのときの決断は間違っていなかったと、今も自分では思っています。

■道教育長の奮闘

道独自の学校の一斉休業期間は事実上二日間で終わりましたが、二月二十六日の会議で期間を決めた際には、道教育長と相談し、過去に季節性インフルエンザの流行で六日間の学校閉鎖の事例があることなどを目安に一週間としていました。

当初、道教育長は一斉休業には慎重で、会議ではかなり激しく議論しましたが、知事である私が「一斉休業が必要」と判断してからは、私の思いを引き受けて実施に尽力してくれました。

道教育長は、日常的に絶えず地域の教育委員会と連携してきた方なので、一斉休業について議論していたときには、各地域の教育長や教員の顔が思い浮かび、現場では大変な影響があるだろうということが、よくわかっていたはずです。そのため、一斉休業に慎重だったのです。

道民から直接選ばれて知事になった私は、一斉休業の判断に至った背景を道民の皆さんにしっかり説明しなければいけないし、実際にそうしてきました。けれど、それぞれの教育現場では同時多発的にいろいろな課題が出てくるので、言うは易《やす》く行うは難《かた》し。

それをどうやって具体化して実行するのかは、道教育長が各地域の教育委員会と連携して決めていくことになります。各地域の教育長は、それぞれ教育の分野における責任を負っています。知事には学校を休業させる権限がないので、私が「一斉休業してください」と言っても、各地域の教育長は拒否することもできるのです。でも、今はやらなければならない。それを理解してもらううえで、先頭に立つ道教育長と各地域の教育長との信頼関係は非常に重要でした。

学校の休業にはしかるべき準備が必要ですし、子どもたちの勉強が遅れないよう対策を講じつつ、家にいてほしいというメッセージをセットで出す必要もあったため、教育現場から批判的な声も上がりました。私も矢面に立ちましたが、道教育長の苦労はその比ではなかった。さらに、我々が予想もしなかった全国一斉休業が始まったことによる混乱もあり、精神的負担はかなりあったと思います。

茨の道でしたが、道教育長が各地域の教育委員会と道庁を結ぶパイプ役として対応し、教育現場に協力してもらうなかで、一斉休業が実現したのです。教師たちからは「大変だ」という声が出る一方で、一斉休業の必要性を理解してくれる方も大勢いました。

やがて新年度が始まり、四月六日以降、学校は順次再開しました。しかし、そこに道教育長の姿はありませんでした。四月四日の未明、心不全で急死されたのです。突然の訃報に言葉を失いました。

今では当たり前になっている「分散登校」という考え方を道庁の会議で提案したのは道教育長です。学校の再開に備え、北海道は三月九日、全国初となる分散登校の実施を通知していました。

道教育長は、何よりも子どもたちのことを第一に考える方でした。子どもたちが元気に登校を再開する姿を見届けられなかった無念さを思うと、今でも胸が痛みます。

難しい仕事の連続のなか、一斉休業の陣頭指揮を執り、私を支え続けてくださったことに改めてお礼を申し上げます。

日常的な意思決定と緊急フェーズでの意思決定

一般に、組織内での日常的な意思決定はボトムアップ型で行われます。

たとえば道庁の場合、知事は大方針を示しますが、日常的なプランは、各部局でつくりあげていきます。各部局で意見を丁寧に積み上げ、前例がいくつかあればそれを参考にして皆でディスカッションするなかで、さまざまな意見を一つの方向に収束させていき、プランの基本的な骨格が組まれます。

　こうして上がってきたプランに対して、トップが問題点を指摘して差し戻すか、そのまま採否をジャッジすることになります。北海道の場合、知事である私が意思決定に直接関与しない課題でも、知事の権限を委任された各副知事や各部局長が、同様の意思決定をしています。

　しかし、コロナ禍のような緊急フェーズでの意思決定では、時間的余裕も参考になる前例もないので、意見がなかなか一つの方向にまとまりません。**私たちは日常のなかでさまざまな議論や意思決定をしていますが、危機管理対応においては日常と異なる議論や意思決定をすることになり、即効性を重視した判断をしていくことも求められます。**

　危機管理対応のなかでは仕方のない面もありますが、**そのような場合、場当たり的な策を講じてしまうリスクも大きくなり、組織としては問題です。**

　だからこそ、道教育長は、学校の一斉休業に慎重論を唱えてくれたのだと思うのです。日常的な意思決定であれば、「一斉休業すべきだ」あるいは「すべきではない」という意見が上がってきたときに、「それで保護者が納得するの？」「本当にそれ以外に方向性はないの？」と言うべきなのは私です。

　しかし、あの場面では誰も「正解」を持ち合わせていませんでした。私は「休業すべき派」でしたが、「すべきではない派」もいるなかで、侃々諤々《かんかんがくがく》の議論が行われました。

そのなかで私が即断即決できたのは、三十歳のときから二期・八年間務めた夕張市長時代に、修羅場のような状況で意思決定をしてきた（せざるを得なかった）からです。

夕張市は三五三億円の赤字を抱えて財政破綻した自治体で、企業で言えば倒産に相当する「財政再建団体」になり、その後、「地方公共団体の財政の健全化に関する法律」（財政健全化法）の施行により、国の管理下で財政再建を目指す「財政再生団体」に移行しました。現在も毎年約二六億円を返済し続けています（二〇二六年度まで）。夕張市の標準財政規模は約五〇億円なので、家庭にたとえれば、五〇〇万円の年収のなかから二六〇万円の借金を返済しつつ、残りの二四〇万円で年間の生活費をまかなうという感覚です。

私が夕張市長になったとき、市職員の多くはすでに辞めていました。部長と次長は全員が退職し、課長と主幹で残ったのは五人。五五人いた管理職は十分の一となっていました。さらに第4章で述べる新たな体制づくりのための市役所改革の一環として、残っていた職員の六割を異動させ、財源を浮かすために副市長の役職も廃止したので、トップとしての意思決定はすべて市長の私がしていくしかありませんでした。

財政難のため市の施設はボロボロで、積雪の重みで美術館は潰れ、プールの屋根は崩壊。市民へのサービスをどう維持していくのか、老朽化した公営住宅を整理・縮小しながら集約するにはどうすればいいのか、学校の統廃合や市役所の移転や病院の統合はどうするのか、ＪＲの赤字路線は廃止すべきかどうか、老朽化した浄水場を改修するため水道料金を上げると住民負担はどのくらいになるのか等々、一つでも判断を誤ると、市民への負担が大きくなり、まちを二分するような問題が山積していました。毎日が綱渡りで、真っ逆さまに落ちないように慎重に歩みを進めている状態でした。おまけに、市役所業務には毎日のようにどこかでトラブルが起きていました。

これらのマネジメントを、私は八年間続けました。**問題は山のように顕在化し、振り返ると誰もいないという状況のなか、自分の人生を懸《か》けて物事を判断してきた経験は、私の政治家としての基礎となっています。**

市と道では規模は違いますが、夕張市長時代の経験は、コロナ禍での意思決定の際、非常に役立ちました。誰も「正解」を持たない緊急フェーズでの意思決定は、道庁にとっては少なかったかもしれませんが、私にはある種の既視感があったので、八年間の経験をもとにひたむきに前に進み、決断を重ねていきました。

前例主義には良い点もある

役所組織は前例主義にとらわれているので、過去に例のない対応を求められたときの判断が弱くなる、とよく言われます。この指摘には当たっている面もあるな、と思います。

また、新人が「これまでのやり方を改めましょう」と言うと、「それは先輩方のやってきたことを否定することだよ」と釘《くぎ》を刺され、なかなか改革が進まない、という話を聞いたこともあります。

何かと批判の的になる前例主義ですが、私は一〇〇パーセント悪いとは思っていません。

先に述べましたが、道独自に学校の一斉休業期間を決める際、我々は「過去に季節性インフルエンザの流行で六日間の学校閉鎖の事例がある」という前例を参考にしました。

一斉休業の期間をあまり長くすると保護者が耐えられないのではないか、という不安が私には強くあったので、何か拠り所はないかと思っていたところ、道教育長から「こういう前例があるので一週間程度なら対応可能です」と進言があったのです。

過去に経験したことのある休業期間なら、保護者の方々にとって大変なことではあるけれど、受け入れやすいだろうし、学校側も対応しやすい。逆に言えば、「子どもたちのために」と保護者が協力してくださるにしても、一週間ぐらいが限界ではないか。そう考えて、進言どおり休業期間を一週間としたのでした。

問題が起こったとき、過去にどのような対応をしたのか調べることは、とても大事です。そのうえで、それがいいものだったら、前例踏襲でかまわないと思います。

前例がたくさんあるのなら、そのなかから問題解決に使えそうなものをいくつかピックアップレて選択肢をつくり、どれが現時点でベストなのかを検討すれば、判断の安定性はさらに高まるでしょう。

ただし、過去に似た事例があっても環境が変わっている場合には、前例では対応できないこともあります。加速度的に変化している社会環境に応じて、対応も変えていかなければなりません。

■混沌とした状況下では得られる限りの情報を集める

意思決定者にとって、専門家の意見は貴重な情報源の一つです。

北海道独自の緊急事態宣言を発出した直後、私は、複数の感染症研究者とお会いする機会に恵まれました。国立感染症研究所の脇田隆字《わきたたかじ》所長（新型コロナウイルス感染症対策専門家会議座長）、前述した東北大学大学院の押谷仁教授（同会議のメンバーの一人）、北海道大学大学院の西《にし》浦博《うらひろし》教授（現・京都大学大学院教授）です。「知事に直接会って伝えたいことがあるので時間を取ってほしい」と連絡を受け、二〇二〇年二月二十九日に東京でお会いしました。

押谷教授からは、無症状や軽症の人が感染を広げている可能性を示唆されたうえで、

「有症状で三七度五分以上の発熱の人や、中等症以上の人だけを発見していてもダメだ。見えない感染者が相当いる。その意味で、外出自粛を求めた道の緊急事態宣言は妥当だ」

という意見をいただきました。西浦教授からは、

「散歩やジョギング、買い物などで外出するぶんには、感染が広がるリスクは低い。大切なのは、人と人との接触を減らすこと。知事の緊急事態宣言があまり効きすぎても問題なので、人と適切な距離をとれば外出しても大丈夫と、少し軌道修正するほうがいい」

と具体的な助言をいただき、これらの具体策は記者会見でこまめに発信しました。

こうした軌道修正は、やって当たり前のこと。いったん自分で決めたことを修正するのを嫌がる人もいるようですが、**難しい事案になればなるほど、「新たな情報の入手→軌道修正」の繰り返しが大事**だと私は思っています。西浦教授には、その後もいろいろな助言をいただきました。

当時は、先進国でも対応策が見えていませんでした。イタリア、フランス、スペインで次々とロックダウンが始まったのは三月中旬、イギリスは三月下旬です。また、アメリカのトランプ大統領やイギリスのジョンソン首相は、季節性インフルエンザに比重を置いた対策を準備していたため、新型コロナ対策に後れをとったと、のちに批判されました。これは、専門家の間で感染予測が分かれていたせいもあったと思います。

このように**混沌とした状況下では、とにかく得られる限りの情報を徹底的に収集し、その時点に即して都度判断していかなければなりません。**私は、国内外の情報や専門家の意見をどん

どん集め、それらを参考にして、危機管理上どうするかを道庁の職員たちと話し合い、対策を模索しました。

危機管理の定石は「最悪の事態」を考えること。新型コロナ対策の究極の目的は、道民の命を守ることだと私は思っていましたので、そのための議論を重ねていきました。前例のない決断を短期間で次々と行い、「北海道モデル」と言うべき取り組みを打ち出せた背景には、こうした議論の積み重ねがあったのです。結果として、それが全国的な外出自粛や三密（密閉・密集・密接）対策の基礎をつくることにもつながりました。

「エールを北の医療へ！」

コロナ禍への対応の一つとして道庁が新たに打ち出したプロジェクトに、「エールを北の医療へ！」があります。

このプロジェクトは、地域医療の最前線で働く医療従事者等の方々へ感謝の気持ちを伝えつつ支援し、北海道の地域医療を守るため、医療用資機材の整備などに充てる寄付金を募るクラウドファンディングです。

コロナ禍に見舞われた当初は、日本各地で医療従事者等への偏見や差別、誹謗中傷《ひぼうちゅうしょう》がありました。北海道も例外ではなく、「保育園で子どもを預かってもらえなくて困っている」「もう仕事を辞めなければならない」といった声が上がりました。その一方で、「偏見や誹謗中傷などあってはならない」「医療従事者のおかげで本当に助かっている。なんとかそういう人たちを応援して支えたい」という道民の皆さんの声も、本当に多く寄せられました。

寄付については第3章で詳しくお話ししますが、寄付金というお金も大事なのと同時に、寄付をくださる方の温かい気持ちこそ本当の支えになるということを私自身、実感してきました。

二〇二〇年四月からクラウドファンディングを開始。最初は厳しい状況でしたが、次々と道庁などに寄せられる応援メッセージを、懸命に道民の命を守る医療従事者の皆さんに届けたいという強い思いが私たちにはあり、またコロナ禍で消費が落ち込む道産品への応援にもなればと、応援メッセージ付きの道産品のギフトを医療従事者の皆さんに贈呈することにしました。

すると生産者の皆さんからも「おいしいものを食べて力をつけてください」といった応援メッセージが寄せられ、医療従事者の皆さんからは、「お互い厳しい状況のなかだったが、とても元気づけられた」との言葉をいただきました。

その後、同年度だけで約一二億円もの寄付が集まり、社会福祉施設への防護服やマスクの提供、新型コロナウイルス感染症軽症者等の搬送車両の整備などに充てられました。

私がこのプロジェクトを発案したのは、医療従事者等への寄付の受け皿を早急に設け、しっかりとした共助をつくりあげていく必要性を感じたからです。職員の頑張りのおかげで、日本で最も早く寄付の受付を開始することができました。

こうしたことは「一番」に意味があります。**先陣を切ることには大きなインパクトがありますし、ほかでも同様のことが始まれば関心が薄くなり、支援も分散してしまうので、スピード感をもって取り組む必要があるのです。**

国や都道府県でも当然、医療従事者等を支援しますが、予算による支援と寄付による支援には、やはり違いがあると思います。

北海道は日本でいちばん早く新型コロナウイルスの感染拡大が起こりました。北海道の医療従事者の皆さんや、道内外からの応援者は、日本で最も長く新型コロナウイルスと闘っていることになるのです。新型コロナウイルスが未知のウイルスだったときから、医療の最前線で闘う大変さを懸命に担ってくださっていることに改めて感謝を申し上げます。

▒闘いは今も続く

二〇二〇年四月九日、私の知事就任一年を迎えるにあたり、報道機関が実施した全道世論調査の結果が発表されました。鈴木道政の支持率は八八パーセント、道独自の緊急事態宣言の支持率は九五パーセントに上りました。正直に言えば、強い支持を得たことは嬉しかった。

ただ、決断・判断は首長として当然の仕事なので、これらの支持率はあくまで一つの調査結果、最大瞬間風速的な数字として受け止めました。

一方で私の判断に対しては、厳しい批判も多く寄せられました。

緊急事態宣言を発出したのは、「新型インフルエンザ等対策特別措置法」（いわゆる特措法）の改正前であり、稼ぎ時の冬の観光シーズンに外出自粛を呼びかけたことから、「法的根拠のないとんでもない対策だ」という反発の声もありました。

国の緊急事態宣言について私が「私権制限は最小限に」と政府にお願いしたときには、自身は学校の一斉休業や外出自粛で私権を制限しているのに……という意味合いで、ある報道機関の署名コラムに「天に唾する」とまで書かれました。

実際、道の緊急事態宣言後には街から人の姿が消えたので、反発が噴出して当然です。しかし、医療崩壊が起きれば経済活動にさらに大きな支障が出てくるので、「一日でも早く感染を収束させることが経済再開への近道です」と、理解を求め続けました。

当時、新型コロナウイルスは未知のウイルスであり、治療法もワクチンもなく、ＰＣＲ検査をするのにも時間がかかり、コロナ病床も今のように整備されていない状態。道民の命を守るためには、今できる最大限の対策を施して、これ以上の感染拡大を押しとどめ、その間に対応できる体制を整えなければならないという逼迫した状態でした。日ごとに拡大していく未知のウイルスによって、どれほどの被害となってしまうのかわからない状態での決断にあたっては、私を含め道職員も昼夜なく対応を考え続けました。

「命か、経済か」という究極の選択を世界中が迫られていたとき、欧州各国では当初、どちらかというと後者をとりましたが、死者がどんどん増えていきました。イタリアやスペインで埋葬しきれない遺体がずらりと並べられている衝撃的なニュース映像は、今でも忘れることができません。その後、欧州各国ではロックダウンが始まりました。

国内でも感染拡大は北海道だけの問題ではなくなり、他の自治体も北海道と同様の対応をとり始めました。

道独自の緊急事態宣言や学校の一斉休業については、道庁幹部からもいろいろと疑問が呈されました。しかし、逆に言えば、内部の疑問にしっかり答えられるようでなければ、当然道民の皆さんにもわかってもらうことはできません。

前例のないことばかりで、決断するまでの時間もあまりない状況ではありましたが、コロナ禍という非常事態のなかで、職員と話し、徹底的に議論を尽くすことで、お互いの人柄や考えを理解する機会が増えました。幹部職員と考えを共有し、同じ方向に進んでいくことによって、皆が当事者意識を持って職務にあたることができます。行政という、いわば前例踏襲が日常であった組織において、前例のない決断をすることが格段に多くなり、この危機をなんとか乗り越えようと、今も一丸となって取り組みを続けています。

北海道では、二〇二一年九月に国内で類を見ない大規模な赤潮の発生があり、二〇二二年四月には国内最大規模の高病原性鳥インフルエンザの発生がありました。これらの対応にも、コロナ禍での危機管理の前例が活かされていると感じます。

北海道庁は、いわば北海道最大の企業です。皆で同じ方向を向いて、危機を乗り越えていくことで、これからの前例なき時代に最強の組織として成長することができると私は信じています。

北海道が日本で初めて出した緊急事態宣言については、二〇二〇年三月十九日の夜に東京で行われた政府の専門家会議の会見で、西浦博教授が、「宣言後に新規感染者の増加を抑えられており、迅速な対応には一定の効果があった。『北海道モデル』が成功した」と評価してくださいました。

しかし、その後も全国的に感染にはいくたびかの波があり、二〇二二年十一月には政府が感染「第八波」に向けた「対策強化宣言」を新設しました。

北海道における基本的な対策は整備されましたが、新型コロナウイルスとの闘いは今も続いています。

今後も、道民の皆さんの理解と協力を得ながら、道職員と気持ちを一つにして、闘っていきます。

第2章

逆境に負けない行動力

■両親の離婚で芽生えた自立心

「自分のことは自分で決めなきゃダメなんだ」

私がこう思うようになったのは、高校二年生のときです。

それまでは、「誰かが自分のために何かしてくれるだろう」と考えている自分がいました。将来についても、「親のすねをかじって大学まで進み、あとはどこかの会社に勤めて、なんとなく塩梅《あんばい》のいいところに落ち着いていけばいいや」というイメージしかありませんでした。

ところが、高二のときに両親が離婚。息子の私から見れば、父はとても優しくていい人だったのですが、その優しさが仇《あだ》となり、人に騙《だま》されて多額の借金をして、家族の前から姿を消してしまったのです。父がいた頃も決して裕福とは言えませんでしたが、生活はさらに困窮しました。

それまで住んでいたアパートを出て行かざるを得なくなり、低所得者向けの平屋住宅へ引っ越しました。それは絵に描いたような「ボロ家」で、隙間風《すきまかぜ》がひゅうひゅう吹き込んで冬の夜は寒くて眠れず、隙間に布を詰めて寝る始末。

母は仕事を掛け持ちし、寝る間も惜しんで働きました。朝から夕方まではパートタイムで働き、夜は遅くまでコンビニなどで働くため、私たちと顔を合わせない日もあり、いつ寝ているのか心配になるほどでした。

短大生だった姉は、授業料が払えなくなったため学校を中退し、スーパーで働き始めました。

学校を辞めたのに、奨学金は返済していかなければならず、理不尽な思いを抱えていたと思います。しかも私と違って姉は勉強がよくできたので、学校を諦めなければならなくなったことが悔しくてたまらなかったでしょう。

私が漠然と思い描いていた将来のイメージも、木端《こっぱ》微塵《みじん》になって吹き飛びました。**「これから先、どうなってしまうのだろう」と大きな不安を感じたとき、初めて、自分の人生は自分で考え、自分で決めなければならないという当たり前のことに気付いた**のです。

私も高校を辞めて働くつもりでしたが、母と姉に止められ、通学しながらアルバイトをすることにしました。校則でバイトは禁じられていましたが、特別に許可をもらい、朝五時から宅配便の配送センターで働いてそのまま登校し、放課後はカメラ店や酒店に直行して夜九時ぐらいまで毎日働きました。そのため授業中は居眠りばかり。でも、先生は怒らなかった。私がバイトを掛け持ちしていることを知っていたので、不憫《ふびん》に思ったのでしょう。

ほかに、夏休みには引っ越し業者の手伝い、スーパーの品出し、建設現場での基礎工事など、できるバイトは何でもやりました。

こうして三人で働いても、生活は楽になりません。

それまで頼りにしていた母の背中が急に弱々しく見え、口喧嘩《くちげんか》ばかりしていた気の強い姉にも弱さがあることに気付き、「俺が頑張らないといけない」という気持ちになっていました。自分が泣き言を言ったら家族が崩壊してしまうのではないか、と。当時の私は、自分のキャパシティ以上に背伸びをしていたのだと思います。

その一方で、まだまだ未熟な年齢だったため、母に当たり散らしたこともありました。

「こんなことなら生まれてこなければよかった」

世の中にはもっとつらい境遇の人たちがいると頭ではわかっていても、「どうして自分が……」という思いをぬぐいきれなかった。余裕のない生活のなかで、心のゆとりもなくしていました。

■行政サービスの大切さに気付き、公務員を目指す

家庭の経済事情から大学進学を諦めた私が、公務員という仕事を目指そうと考えたのには、きっかけがありました。

それは、困窮した生活のなかで、行政サービスの大切さを身に染みて感じたからです。

低所得者向け住宅に引っ越したあと、母から、「市役所にずいぶんお世話になったのよ」と

聞かされました。安い家賃で住める家を紹介してもらい、生活を維持していくうえでの相談にもいろいろと乗ってもらったというのです。

そういう手助けを仕事としてできる道があることに、私は初めて気付きました。

私はよく**「行政サービスは空気のような存在である」**と表現します。

普段、元気に暮らしているぶんには、行政サービスがあることを特に意識はしませんが、さまざまな事情でそれまでの生活を続けていくのが困難になると、まるで空気が薄くなったように苦しくなり、初めてその存在を意識するようになる――。当時の私がまさにそうで、今まで考えたこともなかった「行政」というものを強く意識したのです。

と同時に、将来の仕事に対する具体的なイメージが浮かび上がってきました。

「卒業したら公務員になろうかな。そうすれば、自分たちと同じように生活に苦しんでいる人たちの力になれるかもしれない」

そこで、私は東京都の職員を目指すことにしました。東京都は学歴で差別されない人事システムで、国に先駆けて独自に多くの事業を行っていることを知り、魅力を感じたからです。

ところが、進路指導の先生に相談すると、こう言われました。

「公務員試験はものすごく難しいんだぞ。まず、全国模試を受けてみなさい」

受けてみると、受験者のなかで下から数えたほうが早いくらいの成績。合否判定はもちろん最低ランク。

「進路希望を変えなさい。公務員に希望を絞る必要はないじゃないか」

先生はそうおっしゃいましたが、「公務員は絶対無理」と言われたことで、逆に肚《はら》が決まり、宣言しました。

「公務員一本でいきます。絶対に合格しますから！」

そうは言ったものの、どうやって勉強すればいいかわからない。調べてみると、通信教育の公務員受験講座があったので、早速バイト代で申し込み、送られてきたテキストを丸暗記し、問題集の問題と答えもすべてノートに書き写して暗記しました。私が人生でいちばん勉強したのはこのときで、三カ月間、一日中机にかじりついていました。

その甲斐《かい》あって、無事試験に合格。しかも、高卒・専門学校卒の合格者一九二人中、三番目の成績という、思いがけない「おまけ」付きでした。

不可能を可能にするのは「自分の気持ち」だけ

都庁に入ってまず驚いたのは給料の額です。それまではずっと時給いくらの肉体労働をしてきたので、「やはり労働環境が違うな」と、つくづく思いました。

都庁では福祉保健関連のセクションを希望しました。最初に配属された先は、東京都衛生研究所（現・東京都健康安全研究センター）という研究機関の事務部経理課です。

どうしても大学に行きたかった私は、入庁早々、仕事をしながら夜間部で学ぶことを決め、経理課長のTさんに決意を告げたうえでアドバイスを求めました。するとT課長は、

「仕事のことが何もわからないうちに大学に行くと、どっちつかずになってしまう。まずは一年間、ちゃんと仕事を覚えなさい。それでもまだ大学に行きたい情熱が変わらなければ、挑戦すればいい。その代わり、四年間で必ず卒業すること。職場に迷惑をかけないこと。この二つを守れるのなら、皆で応援する体制を私の責任でしっかりつくるから」

と、言ってくださいました。この助言には本当に感激しました。

実は、T課長自身も若い頃、都庁で働きながら大学の夜間部に通っていたのです。上司として、人間として、とても尊敬できる方でした。

こうして私は入庁二年目に念願の大学進学を果たし、法政大学法学部第二部の地方自治コースで学び始めました。国家公務員や地方公務員を目指す学生が勉強するコースなので、順番からすると逆ですが、学術的観点から改めて地方自治について学ぶことができました。東京都庁には、大学の合格証明書を添えて申請すると学費を貸与してくれる素晴らしい制度があり、この制度を利用して二〇〇万円ほど借り、給料のなかから少しずつ返していきました。

仕事と大学の二足のわらじを履いての生活はなかなか大変でした。仕事では残業もあるのですが、大学に通っている間は残業ができません。そのため、朝五時に起床して、八時前には職場で仕事を始めていました。高校時代に朝五時からバイトをしていたので、苦にはなりませんでした。

勤務後は、夜九時過ぎまで大学の講義。夕方からなので講義は一日二コマしか取れず、四年間で卒業するには単位を落とせない。体育会に入れば必修科目の体育の単位を取得できると聞いてボクシング部に入部していたので、講義のあとは夜十一時まで練習をこなす。毎日の睡眠時間は三時間程度で、仕事の繁忙期に大学のレポートや試験、ボクシングの試合前の過酷な減量が重なると、心身ともに疲弊し、帰りの電車の中で意識を失い倒れてしまったこともありました。

今の私は「知事は激務で大変ですね」とよく言われます。もちろん精神的な重圧は比べものになりませんが、肉体的には大学時代のほうがきつかったかもしれません。

なんとか四年間で卒業してT課長との約束を果たすことができましたが、当時のプレッシャーは非常に大きく、いまだに自分が卒業できない夢を見てうなされることがあります。

しかし、大学時代の経験から、**自分自身で「やりたい」と決断したことなら、より具体的なアドバイスをもらえるし、中途半端なことはできないという責任感も生まれてきて、かなり困**

難なことでもやり遂げられるのではないか、という思いが私にはあるのです。

■経験によって培われた感覚は誰にも否定できない

ボクシング部に入った最初の動機は「単位がとれるから」でしたが、いつの間にか「試合で勝ちたい」とのめりこむようになりました。

一番大変だったのは都庁入庁三年目で仕事も少し慣れてきた頃です。忙しい年度末に大学のテストやレポート提出とボクシングの減量と試合が重なりました。経理の仕事では一円単位の間違いも許されないなか、先ほども述べましたが、大学に行っているので残業ができないぶん、早朝に出勤するなど職場に迷惑をかけないようにしなければなりませんでした。減量で飲まず食わずでフラフラになりながら試験勉強やレポート作成。食欲はなんとか我慢することはできるものの、水を飲めないのには生命の危機を感じるほど。周りからも「もうどれかやめないと体がボロボロになるよ」とよく言われました。

試合の対戦相手は現役の大学生やずっとボクシング一本でやってきたような選手たちです。私はボクシングを始めて二年目。しかも働きながら大学に通っているので周りの人よりも圧倒的にマイナス要素が多い。この逆境をどう克服するかということを徹底的に考えながら過ごした大学の四年間で得たものは、今の私の基礎となっています。「これはできない」「無理じゃないか」と多くの人が思うようなことに対しても「どう乗り越えていくか」という思考に変えることで前に進むことができたという経験は、大きな自信になりました。

私のような大変な経験はあえてすることではありませんが、これだけは徹底的にやったという経験は確実に自分のなかの支えになります。

そしてその経験は誰にも否定できない自分の糧《かて》です。私の場合は、ボクシングを通じて肉体的な限界を乗り越えたことや、まったくの素人だった自分が、徹底的に努力することで勝つことができたという自信が大きな糧となりました。あのときの経験のおかげで、のちに夕張市長として決断の連続であった日々のなかで「よし、まだ頑張れる」という気持ちになったことが何度もありました。

何が自分の経験の根幹になるかは、人それぞれです。人からみればよくあるような経験と思われることであっても、大事なのは経験の多寡ではなく「そこで自分が何を得たか」です。これは誰にも否定できません。一つ「これだ」といえるような経験をこれまでの人生から探してみるのも、「動じない気持ち」を持つうえでは大切なことかもしれません。

派遣職員として夕張へ

二〇〇七年十月。都庁に勤めて八年目の私は、福祉保健局疾病《しっぺい》対策課で仕事をしていました。主に、難病を患《わずら》っている方々やそのご家族を支援する部署です。主任への昇進試験にも合格し、仕事にやり甲斐を感じながら忙しい日々を送っていました。

そんな折、猪瀬直樹東京都副知事が発表したのが、「財政破綻した夕張市に東京都の職員を派遣する」という構想です。その目的について猪瀬副知事は、次のように語りました。

「財政破綻とはどういうものか、地方行政を取り巻く実情がいかに厳しいか、ひしひしと身体で感じることが必要だ。東京都の持っているノウハウを活かして、他の地域に貢献したい」

この構想を知った私は、「どんな人が夕張に行くのかな」と思っただけだったので、自分が候補に上がっていると上司から告げられたときには、びっくり仰天してしまいました。

それまで夕張との関わりはなく、親戚も友達もいないうえ、次年度には以前から希望していた部署に主任として異動できるはず。受けるべきか、断るべきか——。

非常に悩みましたが、最終的には「ぜひ行かせてください」と回答していました。

というのも、私が入庁した一九九九年度に、東京都は前年度決算において一〇六八億円の赤字を計上し、夕張市と同様に財政再建団体に転落する危機に直面していたからです。

同年に石原慎太郎さんが新たな知事となり、強力に財政再建を進めたことで、その後、一兆円を超える基金を持つまでに改善されてはいましたが、都の財政は企業からの税収に大きく依存しているので、景気が後退すれば、再び財政危機に陥《おちい》る恐れもありました。

それで、「夕張で一年間、財政破綻からの再生を目指す効率化された行政を学んでくれば、帰って来てから必ず東京都全体の役に立つのでは」と考えたのです。

実際には、当時の夕張市は「効率化された行政」にはほど遠かったのですが、その頃の私は夕張についてメディアで報道されているような知識しか持っておらず、「この出向は活きた勉強になるはず」と信じていたのでした。

北海道への出向は異例だったので、引っ越し費用の上限を超えた部分は自己負担でした。赴任旅費や、北海道の生活に必須の自動車の購入費が出ないといった規則上の問題にも直面しましたが、それらの費用は都庁の先輩方のカンパと自分のお金で、なんとかまかなえることになりました。


明けて二〇〇八年一月、都庁から出向することになったもう一人の職員とともに、夕張市に着任しました。私は市民課の市民保険グループに籍を置き、乳幼児、障がいを持つ方、一人親家庭に対する医療費助成などの仕事を担当することになりました。

出勤初日から市の厳しい状況を痛感することになるのですが、その前に次項で、夕張市が財政破綻した経緯と、私の出向当時の状況を簡単に述べることにします。

炭都・夕張の盛衰

北海道のほぼ中央に位置する夕張市は、明治時代から「炭鉱のまち」として栄えてきました。

当時、石炭事業は国の基幹産業で、「黒いダイヤ」と呼ばれる良質の石炭が採れる夕張には、国策として多大な資金や資材が投入されました。戦後も石炭エネルギーの供給基地として発展を続け、一九六〇年代の最盛期には一二万人近くの人口を擁していました。当時の写真を見ると、まるで東京の渋谷か原宿のように商店街には人が溢《あふ》れています。

炭鉱の住宅、電気、ガス、水道、病院などの生活インフラは民間の炭鉱会社が運営し、しかも利用料は無料。身一つで夕張へ来てもお金を稼げる仕組みが整っていたのです。

しかしその後、国のエネルギー政策が石炭から石油へと転換。炭鉱は相次いで閉山に追い込まれ、職を失った人たちは次々と夕張を去りました。石炭産業以外の産業基盤が乏しかったため、働き手である若者の転出は顕著で、少子高齢化が急速に進んでいきました。

市は、残された炭鉱住宅や病院、上下水道設備などを買い取るために、一九七九年から十五年間で約五八四億円を投入し、三三二億円もの地方債を発行せざるを得なくなりました。

逼迫した財政を立て直すため、「炭鉱から観光へ」の旗印を掲げて大型リゾート開発に乗り出したものの、過大投資と第三セクターによる放漫経営がたたり、ついに市の財政は破綻。二〇〇七年、三五三億円という巨額の赤字を抱え、財政再建団体となるに至ったのです。

最盛期に一二万人近くだった人口は、私が派遣された頃には一万人台を割り込んでおり、さらに減り続けていました。働き盛りの市の職員も、次々と夕張から去っていきました。「生まれ育った夕張で仕事を続けたいが、このままではとても生活できない」と嘆きながら。

財政破綻後、市職員の給与は年収ベースで平均四割カットされ、市が借金を返し終わるまで、それが続くことになっていました。進学を控えた子どもや住宅ローンを抱える職員は、人生設計の変更を余儀なくされ、後ろ髪をひかれる思いで故郷を離れていったのです。

財政破綻の残酷な現実

初めて夕張市役所に出勤した日のことです。

私は、机の上の書類を確認してはパソコンに入力する作業を繰り返しながら、「初日だし、歓迎会でも開いてくれるのかな」と、のんきに考えていました。

しかし、そんな気配はまったくないまま、退勤時刻の午後五時になりました。

同時に、それまで聞こえていた暖房の音が止まりました。すると皆は突然立ち上がり、スキーウエアやベンチコートを着込み、指先の自由が利く手袋をはめると、またパソコンに向かいます。誰一人、帰ろうとする人はありません。

そのうちに、館内は急速に冷え込んできました。冬の夕張の夜は外気温がマイナス二〇度近くになることもあり、室内でも暖房がないとマイナス五度程度になります。私もスーツの上にコートをはおり、厚手の手袋をして仕事を続けましたが、それでは満足にキーボードを打てない。手袋を取ると、あまりの寒さで指が動かない。ついに夜十時過ぎに限界になりました。

「すみません、今日は初日ですし、お先に失礼させていただきます」

と挨拶して家路につき、翌日からはしっかり厚着をして出勤するようになりました。


この一件で私は、市役所が経費削減のために冬でも午後五時に全館の暖房を切っていることと、職員は皆そこで夜遅くまで働いていることを知りました。しかし、それは財政破綻による影響のほんの一端に過ぎないことを、最初の給料日に痛感したのです。

その日、所用から戻ると、机の上に給与明細が置かれていました。私の給料は東京都から出るので、夕張市の給与明細が配られるはずはなく、「あれ？　おかしいな」と思って開けてみると、それは同じセクションにいる同年代の男性職員のものでした。

「あっ！」と思ったときには、記された金額が目に入っていました。

その額は、私が東京都からもらっている給料より何万円も少なかった。あれだけ残業しているのに、彼は暮らしていくのがやっとの給料しかもらっていないのです。

職員の給与が大幅に削減されたことは、もちろん知っていました。しかし、一緒に働いている仲間が置かれている状況を、具体的な数字として目《ま》の当たりにしたショックは大きく、財政破綻の意味を初めて現実のものとして認識させられたのです。

■「全国最低の行政サービス、全国最高の住民負担」

夕張ではボランティア活動が盛んです。

市役所の仕事に少し慣れてきた頃、休日に雪かきのボランティアに参加したことをきっかけに、私はあちこちのボランティアグループに顔を出すようになりました。

雪かきボランティアで知り合った松宮文恵《まつみやふみえ》さんは、年に何回か市民会館を借りて映画を上映する「ゆうばりキネマ・クラブ」に所属しており、「会員になって」と声をかけられて入会すると、次の会合では、なぜか全会一致で運営委員に選ばれていました。

「NPO法人ゆうばり観光協会」では、パソコンを使えない高齢のスタッフの代わりにチラシをつくるお手伝いをしました。すると、「鈴木は使い勝手がいい」という噂が地域のキーパーソンの間に広がったのか、別のグループの打ち合わせに呼ばれる。どうやら自分は巻き込まれやすいタイプらしいと気付いたときには、八つほどのグループに入っていました。

いつも弁当を買っているコンビニの店長・本田靖人《ほんだやすひと》さんに声をかけられ、「ゆうばり桜まつり」というイベントの準備のために会場となるキャンプ場に行き、手づかみで鹿のフンを拾うボランティアをしたこともあります。もちろん軍手は着けていました。

たくさんのグループに誘われたおかげで、気付いたら仕事以外にも市内のあちこちに知り合いができていました。仕事から帰ると、玄関先に肉じゃがの入ったビニール袋がぶら下がっていることもありました。ボランティアで知り合ったお母さんがわざわざ届けてくださった差し入れを、おいしくいただきました。

ほかにも夕張には、市道脇や公園、廃校になった学校周辺の草刈りや掃除を定期的に行うグループ、駅近くの公衆トイレを清掃するグループ、市民会館を清掃するグループ等々、たくさんのボランティアグループが活動していました。

それ自体は非常に素晴らしいことです。ただ、ボランティア活動がこれほど盛んなのは、市が財政破綻したことと無関係ではありません。行政が既存のサービスを提供できなくなったため、市民が代わりに担うしかない、という現状が背景にあることを私は知りました。

たとえば、公衆トイレの清掃は、市が清掃などの維持費をまかなえなくなったため、地域の人たちが声をかけ合い、交代で行うことになったと聞きました。

鹿のフン拾いも、市の予算難から途絶えてしまった「ゆうばり桜まつり」を復活させるために、本田さんをはじめとする有志が自発的に行っているものでした。

図書館は運営費を捻出できずに廃止され、蔵書を保健福祉センターに移して、「図書コーナー」という形でほそぼそと貸し出しを続ける状態。そのお手伝いや子どもたちに絵本の読み聞かせをするボランティアグループが複数あり、私も所属していました。

学校の少なさにも驚きました。これは財政破綻だけが原因ではありませんが、夕張は東京二三区より面積が広いにもかかわらず、小中高校がそれぞれ一校ずつしかないのです。最盛期には小学校二二校、中学校九校、高校六校があったそうですが、急速な少子化によって統廃合が続いた結果、小中学生のなかにはバスで四十分かけて通学しなければならない子もいました。

行政サービスが低下する一方で、市民の負担は増えました。市民税の個人均等割は三〇〇〇円から三五〇〇円になり、国内で最高レベルの負担に。自治体ごとに決められる軽自動車税は、破綻前の一・五倍に増額。下水道料金は、一〇立方メートル当たり一四七〇円から二四四〇円（約一・七倍）に値上げ。ゴミの収集は一リットル当たり二円に有料化されました。四五リットルの家庭ゴミ一袋を出すたびに、九〇円もかかってしまうことになります。

施設使用料も五割増しになりました。仮に、会費を出し合って市の施設を借り、年に一二回サークル活動をしていたグループがあったとすると、破綻前と同じ会費では年に八回しか活動を楽しめなくなってしまったことになります。

当時の夕張市は、「行政サービスは全国最低レベル、住民負担は全国最高レベル」と言われていました。そのため、さらに転出者が相次ぐ「負のスパイラル」に陥っていたのです。

■「ぬるま湯に浸かっていた自分」に気付く

八年間の都庁勤めで、行政の仕事を少しはわかった気になっていた私は、夕張に行く前、「どうすれば大変な状況を変えられるのかな」と、あれこれ考えていました。

しかし、実際に夕張に行ってみて、市職員の厳しい労働環境を目の当たりにしたとき、それまでの自分がいかに「ぬるま湯」に浸《つ》かっていたかを思い知らされました。市民の皆さんも財政破綻によって大変な思いをしているであろうことは、容易に想像できてはいたのですが。

また、職場の仲間から、「財政破綻してから、市民が市の職員を見る目は冷ややかになった。行政の責任は免れないから当然だとは思うが……」という話も聞きました。財政破綻により、市民と市職員との信頼関係も壊れていたのです。

外から「こうすればいい」「ああすれば良くなりますよ」と言うのは簡単だ。しかし、実際にそのなかに入って皆と同じ経験をしたうえで、同じ言葉が言えるだろうか――。

そう考えると、市民のなかに飛び込んで、派遣職員としてではなく同じ夕張に暮らす者として問題を共有しなければいけない……との思いが湧きあがり、ボランティア活動にも積極的に関わるようになったのです。

それまでの私は、平日はしっかり働き、土日はゆっくり休みたいタイプでした。オン・オフを区別してプライベートも充実させ、人生をエンジョイできればいいな、と思っていました。けれど、夕張に行って考え方が変わりました。非常に大きな理不尽がそこにはあり、これはいったいどういうことなのかと衝撃を受けたことで、価値観が変化したのです。

その意味で、夕張に出向しなかったら、行政に携《たずさ》わる者としての問題意識、言葉を換えれば「魂」は、育たないままだったかもしれません。

現在でも、何か問題が起こった際は、できる限り現地に行き、実際に対応している人の声を聞き、当事者意識を持って物事に当たることを大切にしています。その意識は夕張で育てていただいたと思っています。

■「負」の流れを変えたい

「もう一年、夕張にいさせてください」

夕張への出向は二〇〇八年一月から一年間の予定でしたが、それが終わりに近づいた頃、私は出向期間を一年延長してほしいと、東京都の人事課に申し出ました。

その頃には、市役所の仕事である程度の経験を積み、さまざまなボランティア活動や市民活動を通して市民と親しくなり、地域の方々と話し合うなかで、夕張が抱える問題点や課題も見えてきていました。

そうした蓄積を形にしようとしても、一年では何もできない。二年目があれば、最初の一年間の経験や人間関係をもとに、行動して形にすることができる、と考えたのです。

夕張市が二〇〇七年三月の財政破綻にともない策定した財政再建計画は、半世紀以上前に施行された「地方財政再建促進特別措置法」に基づくものでした。

その後、総務省はこの法律を見直し、二〇〇九年四月に「地方公共団体の財政の健全化に関する法律」（財政健全化法）が施行されることになり、それにともない財政再生団体に移行する夕張市は、〇九年度中に新たに財政再生計画を策定することになっていました。

「その時期に夕張にいれば、市民の声を再生計画に反映させる行動ができるのではないか。夕張のために自分ができることを探していきたい」との思いから、派遣期間を一年延長してもらったのです。

古い法律のもとに策定された財政再建計画は、前述したように、住民負担は大幅増、行政サービスは大幅減というもので、「鉛筆一本購入するにも国の許可が必要」「人命に関わるもの以外はすべて削減の対象となる」と言われたほど。当然ながら、市民からは多くの批判の声が上がっていました。

しかし、夕張市は再建計画の円滑な実施を国と北海道から強く求められているうえ、軽微な計画変更でも制度上は総務大臣の同意が必要なため、抜本的な計画変更はきわめて難しい。しかも、市職員の数は破綻前の半分以下に削減され、人員体制上、行政が住民の声を聞き、その受け皿となるのは厳しい状況。結果として、住民の行政に対する信頼がますます低下する、という悪循環に陥っていました。

いったん出来てしまった「負」の流れを変えるためには、大きな力が必要です。

「行政と市民がともに同じ方向を向いて進んでいかなければ、夕張は何も変わらない。行政と市民が信頼し合えずにいることが、前進を阻《はば》むブレーキになっているのではないか」——派遣職員という「よそ者」の視点から、私はそのことを強く肌で感じていました。

一般論で言えば、予定通り一年で都庁に戻って希望の部署へ異動するほうがいいに決まっています。けれど、「財政破綻がどういうものか身体で感じ、東京都の持っているノウハウを他の地域のために活かしてほしい」と石原知事や猪瀬副知事から託された以上、志《こころざし》半ばで東京に戻ることはできない。夕張の皆さんのために、やれるだけのことをやってみたい、という気持ちのほうが勝っていました。

■「あなたの声を国に届けます」

熟考の末に私が実行したのは、夕張市内の全世帯を対象にしたアンケート調査です。「東京都から派遣されている職員が、そこまで立ち入るのはいかがなものか」という声もありましたが、財政再生計画に市民の声を反映させるには説得力が必要です。

たとえば除雪体制の見直しを要求するにしても、ただ「除雪が大変なんです」と言うよりも、「全世帯に聞き取り調査をした結果、△パーセントの人が除雪体制の見直しを望んでいます」と訴えるほうが、説得力は増します。**幅広く意見を集め、具体的な数字で課題や問題点を示すことが重要なのです。**

二〇〇九年七月、「夕張再生市民アンケート実行委員会」を立ち上げました。

私も運営委員に名を連ねる「ゆうばり再生市民会議」のメンバーを説得し、市内のボランティア団体や近隣の自治体職員も巻き込み、「再生市民アンケート」の実施を決定。母校・法政大学や夕張市で調査実績のある北海学園大学から八〇人以上の学生ボランティアの協力を得て、全世帯（約六〇〇〇世帯）を二人一組で戸別訪問し、市民生活の実態や困り事の聞き取り調査やアンケート調査を、延べ十日間かけて行いました。もちろん私も休日はすべてこのプロジェクトに使いました。

当初、住民の反応は冷ややかでした。というのも、財政破綻後の夕張には多くの研究機関やメディアなどが市民へのアンケート調査に訪れていたのに、調査結果が実際の行政に反映されたことがなかったからです。「自分たちが窮状をいくら訴えても、結局、現状は何も変わらないじゃないか」と、市民の多くは不信感を持っていました。

これは、政治全体に共通することかもしれません。実際には国民の声を受けて改善されていることもたくさんあるのですが、**変化の実感が乏しいと、改善よりも現状維持のほうにどうしても目がいき、不信感が募ってしまう**のです。

特に、夕張のような究極の状況に置かれたとき、何度も期待を裏切られるようなことがあると、疲弊して何も信じられなくなってしまう――。とにかく市民に信じてもらうことが大事だったので、このアンケート調査では次のキャッチフレーズを掲げました。

「あなたの声を夕張市、北海道、国に届けます」

懸命に調査を続けるうちに、冷ややかだった市民の反応は変わっていきました。「学生さんたちの学びのためになるなら」「若い子が熱心にまちのことを聞いてくれるのが嬉しい」と、協力してくださる人が増えていったのです。「次は〇〇さんの家に行くといいよ。きっと話してくれるから」と、次につなげてくださる方も多くなり、調査活動はどんどん大きくなっていき、その過程で市民との間に信頼の絆も生まれていきました。

■多くの人を巻き込み、ゴールへの突破力をつくる

このアンケート調査の最終目的は、市民の声を夕張の財政再生計画に反映させることです。そのためには、まず、このアンケート調査が世間の関心を集めることで、夕張問題について多くの人に関心を持ってもらう必要があると考えました。そこで、アンケートを開始する前に、あえて夕張ではなく北海道庁で「こういう調査をやります」と記者会見をしました。

すると、地元の新聞社やテレビ局が何社も取材に来てくれました。私も調査に当たっていましたが、取材陣が来たときは裏方にまわり、学生たちが一生懸命市民に聞き取り調査をしている様子をどんどん撮影してもらいました。

学生たちの必死な姿は何度かメディアに取り上げられ、テレビで特集されるほどになり、この調査は人々の耳目を集めることができたのです。**多くの人を巻き込むには、中心である自分がリーダーシップを発揮し、巻き込む渦《うず》を力強く回していかなくてはいけない、**と思います。

こうして、全世帯数の二六パーセントに相当する一六六一世帯から回答が得られ、市民の困り事や、再生計画に盛り込んでほしいことなどが明らかになりました。

それらの調査結果をスタッフ総出でまとめた報告書は、二〇〇九年十月末に完成の見込みとなりました。あとは、夕張市、北海道、総務省に届けるのみ。夕張市長は当然受け取ってくださるでしょうが、一介の都の職員が北海道知事や総務大臣に直接手渡すのは難しい――。

どうしようかと思案していたとき、幸運にもチャンスが訪れました。十月十五日に、渡辺《わたなべ》周《しゅう》総務副大臣が夕張市を視察することになったのです。

まだ報告書は完成していませんが、この機会を逃す手はありません。すぐさま私は、アンケート調査の件を事前に相談していた猪瀬直樹東京都副知事に連絡し、

「渡辺副大臣に調査概要を説明したいのです。副知事から依頼していただけないでしょうか」

と、お願いしました。

当時、テレビの政治討論番組に猪瀬副知事と渡辺副大臣が出演されたのを見ていたので、猪瀬さんは副大臣の連絡先を知っているのではないか、と思ったのです。

ヒラ職員からの、しかも突然の一方的なお願いに対して、猪瀬副知事は「わかった。それはやるべきだ」と、すぐに動いてくださいました。

そして当日。副大臣の視察は分刻みのスケジュールで、私に与えられたプレゼンの機会は、視察をすべて終えた副大臣が新千歳空港に向かうバスのなかでの二十分ほどしかありません。チャンスは一度きり。ぶっつけ本番のプレゼンでしたが、副大臣を前に、アンケートの調査結果がどれほど重要であるかを訴えました。

説明が終わると、副大臣はこうおっしゃいました。

「わかりました。報告書が出来たら、私に直接電話をください。総務省で受け取ります」

そのあとすぐ、北海道庁からも「受け取りたい」と連絡がありました。

こうして、二〇一〇年四月からスタートした財政再生計画には、報告書の内容をもとに我々が要望した「除雪体制の見直し」「老朽化した市立診療所の改築」などが課題として盛り込まれることとなったのです。新たな課題を財政再生計画に盛り込んだことで、夕張市の赤字解消期間は二年間延びてしまい、再生計画に反映できなかったことも数多く残ってしまいましたが、生活者の視点や実感が市、道、国を動かしたことには大きな意味があったと思っています。

このゴールに至るまでの私は、もし国や道が報告書を「受け取れない」と言うのなら、それでもいいと思っていました。そのときは、苦労して調査をしてくれた学生たちと一緒にまた記者会見を開き、「北海道や国は、夕張市民の声を聞く耳すら持っていないようです。これはどういうことなのでしょうか」と、マスコミに訴えようと考えていたのです。

知事になった今では、そんな当時の自分を「イヤな奴だな」と思ったりもします。

しかし、**一つのゴールを設定したとき、そのゴールをどう突破するかの戦略・戦術については、いろいろな考え方があっていい**という思いは変わりません。

このケースで言えば、学生たちが懸命に聞き取り調査をしてくれている姿をメディアに報道してもらうことで、全道、全国の方々の共感を得られるはずだと私は考えました。

国民の共感を得た調査の報告書を、国や道が受け取らないとなれば、批判の声が上がるだろう。しかし、国民から批判されるようなことを政治家は好んでしないはずだ、とも考えました。特に当時は、政権が自民党から民主党に移って一カ月ほどしか経《た》っておらず、国民の批判は新政権にとってかなりのリスクになり得ました。そういうこともあり、思い切って副大臣にアプローチしたのです。

普通に考えれば、まず道に報告書を受け取ってもらい、それを突破口にして国を動かす、ということになるのでしょうが、結果的にこのケースでは逆になりました。

初めからそれを意図していたわけではありません。時間も権限もないなかで、どうすれば最初の突破口をこじ開けることができるだろうかと、とにかく必死だったのです。

▒ 大切な人をいつまでも待つ

二〇一〇年三月、二年二カ月に及んだ派遣期間が終了し、私は東京へ戻ることになりました。最後の一カ月ほどは、夕張で知り合ったさまざまな市民や団体が連日、送別会を開いてくれました。

そして、いよいよ夕張を去る日——。

市役所の玄関を出た私は、驚きで立ち尽くしました。そこには、数えきれないほどの人々が手に手に黄色いハンカチを持って、私を待ち構えていたのです。

夕張は、映画『幸福《しあわせ》の黄色いハンカチ』の舞台となった場所。映画のなかで黄色いハンカチは、「大切な人をいつまでも待つ」という気持ちの象徴として使われています。

市役所前に集まった人々は、ちぎれんばかりに黄色いハンカチを振り、私を見送ってくださいました。

信じられない光景に、私は胸が熱くなり、涙が止まりませんでした。

第3章

財政破綻した自治体の首長ができること

決断の指針

私たちは日々、決断の繰り返しのなかで生きています。そのなかで、「あのとき違う決断をしていれば」という後悔を、誰もが経験しているのではないでしょうか。

誰かのせいにして自分の気持ちを軽くしたい、と思うこともあるかもしれません。しかし人間は、最後は孤独です。立場の軽重にかかわらず、自らの決断に最終的な責任を取るのは自分しかいない。**決断には、すべて「自分のせい」になってしまう残酷な部分があるのです。**

後悔や責任転嫁に終わらない決断をするために、私が持っている指針は次の二つです。

・やりたいか、やりたくないかを徹底的に自問自答する。

「選択↓決断↓行動」の流れのなかで一番大切なのは、自分自身の気持ちだと思います。**上からの圧力や下からの突き上げで「やらざるを得ない」と判断した結果が失敗に終われば、後悔する確率は高くなる**でしょう。

明確な答えを出せずに悩んでいる場合は、「やりたい」という答えを邪魔するものは何なのか、「やりたくない」と断言できない理由は何なのかを、さらに自分に問いかけていきます。

・自分の気持ちが決まらないうちは人に相談しない。

人生の分岐点になるような重要な決断を迫られて迷っているとき、自分にとって大切な人、心から尊敬し信頼している人に相談する方は多いと思います。

私にもそうしたい気持ちはあるのですが、あえて封印しています。「決断が早い」と言われる私ですが、決断に至るまでには主観を入れず判断材料を徹底的に集めます。もし、その過程で信頼のおける方に相談し「Aがいいんじゃないの？」と言われたら、人間誰しも「そうかな」と思ってしまう側面があるのではないでしょうか。

そのため、**自分の気持ちがしっかり固まってから、尊敬し信頼している方々に「私はこう決めました」と事後報告の形で話をして、「何か今後のアドバイスをいただけますか？」とお願いするようにしています。**

■「できない理由」を探さない

夕張から東京に戻った私は、新設された内閣府の「地域主権戦略室」に出向して国の仕事に従事する一方、猪瀬副知事や藤倉肇《ふじくらはじめ》夕張市長の意向により、行政参与として夕張市にさまざまなアドバイスをすることになりました。

帰京してからも夕張のことが気になってしかたがなかったので、こうして関わりを持ち続けられることが嬉しかった。けれど、まさか自分が夕張市長選に引っ張り出されることになるとは夢にも思っていませんでした。

その「まさか」が起きたのは、新しい仕事にも慣れてきた二〇一〇年十一月のこと。行政参与の仕事で新千歳空港に降り立った私は、そこで待ち構えていた一人の夕張市民から、「夕張市長選挙への出馬を要請いたします」と書かれた一枚の紙を手渡されたのです。

その人は、「ゆうばり国際ファンタスティック映画祭」などのイベントを通じて知り合った荒舘康治《あらだてこうじ》さん。私と同年代で、いつもは「アラちゃん」「直道君」と呼び合い冗談を言い合うような仲ですが、このときの彼の真剣な表情から決して冗談ではないことがわかり、「前向きに検討します」と私は答えました。

荒舘さんは、地元の有力者などではなく、夕張市内のイベント会社で働く一会社員です。「夕張を変えていくためのビジョンづくりは、若い自分たちの責任だ。夕張の未来を託せる人を、次の市長選で出さなければならない。僕は、直道君を出したいと思った」と、出馬要請の理由を話してくれました。身に余る言葉です。

しかし、それから五日間、私は夜も眠れないほど悩みに悩みました。

当時の私は、夕張派遣の前から交際していた今の妻との結婚を控え、埼玉県内の公団マンションをローンで購入したばかり。新居に置く家具も揃《そろ》い、あとは入籍するだけでした。

市長選に立候補するためには、都の職員を辞めなければなりません。選挙に勝てる保証はどこにもなく、落選したら無職になってしまいます。

仮に当選したとしても、夕張市長の給与は財政破綻によって七割もカットされており、月額二五万九〇〇〇円、手取りにすると二〇万円に満たない。年収ベースに換算すると、当時私が東京都からもらっていた給与より二〇〇万円近く少なくなってしまいます。

しかも、夕張市は全国で唯一の財政再生団体。当選すれば、これまで誰も経験したことのない舵《かじ》取りを担わなければならない――。どう考えても断るのが当然な悪条件ばかりです。

しかし、「やりたいのか、やりたくないのか」と自分自身に問いかけると、なぜか「やりたくない」とはっきり言えない自分がいるのです。

多くの不安があるのに「NO」とはっきり断ることができないのは、どこかで「やりたい」と思っているからだ。ならば、これ以上「できない理由」を探しても意味はない。

では、「やりたい」という思いはどこから来るのか――。

夕張で過ごした二年二カ月間を、私は改めて振り返ってみました。

財政破綻によって乖離《かいり》し、対立関係になってしまった行政と市民が信頼関係を築くためには、皆が協力して「自分たちの力でまちをよくできるんだ」と実感を持てる何かが必要だ。けれど、まちには長年の諦めムードが染みつき、ほとんど気力が感じられなかった。

市職員は給与を平均四割カットされ、管理職は給与が初任給程度の額になり大量に退職。新規採用職員の給与は一〇万円台で、毎日残業しても残業代はつかず、生活を維持するのに精一杯。皆、何かを変えようという意欲を持ちたくても持ちようがなかった。

市民側には行政を動かす手段がわからない。行政側は、冷ややかになった市民に臆して歩み寄れず、まちの窮状を北海道や国に訴える手立てもわからず、打つ手なしの状態……。

一方、自分は夕張で市民として暮らし、都庁でも夕張市役所でも働いてきた。今は国の仕事もしている。夕張においては、いわば外部から来たハイブリッドな唯一の存在で、自分にしか見えない景色がある。夕張のために、それを形にできないだろうか――。

自分にできるのは、財政再生計画の抜本見直しを実現させることだ。

そう思い至ったとき、私は夕張市長選に出馬することを決断していました。

当時は婚約者だった今の妻と彼女の両親に決意を伝えると、戸惑いながらも了承してくれました。母は、「真っ直ぐな道を歩んでほしいと思って付けた『直道』の名前通りになっちゃったね」と、苦笑いしていました。

何事も「勘違い」から生まれる

市長選への立候補は、誰にも相談せずに決めました。それでよかったと思っています。

自分自身で決めたうえで周囲を説得できるようでなければ、二年ちょっと夕張で仕事をしただけの私に、夕張の方々がまちの将来を託そうと思ってくれるはずがないからです。尊敬する人や大切な人から、「私自身は反対だが、そこまで言うのなら頑張れ」と言ってもらえるぐらいの熱量がなければ、人生を左右するような決断はできないと思うのです。

石原慎太郎都知事にも、夕張市長選に立候補するため都庁を退職することは、事後報告の形でお伝えしました。ところが、緊張のあまり、とんでもない失敗をやらかしてしまいました。

「知事、私は都庁を辞めます。辞めて夕張市長になります」

と言ってしまったのです。そのとたん、

「お前は、とんでもない勘違い野郎だな！」

都庁七階にある知事応接室のひときわ高い天井に、石原都知事の声が響き渡りました。

「あっ！『立候補します』と言うべきなのに、つい、『なります』と言ってしまった……」

しかしそのあと、石原都知事はこうおっしゃったのです。

「いや、何事も勘違いから生まれる。後先考えずガムシャラにやるうちに、『勘違い』だと言われていた夢が現実になる。裸ひとつで挑戦する若者を、俺は、殺しはしない」

当時、夕張で私を応援してくれる人たちは、夕張出向のときに出会った七人の仲間だけで、

皆、選挙に関して素人でした。そこで石原都知事にアドバイスをお願いすると、

「とにかく市民全員と会え。今すぐ夕張に行き、夕張市民にお前の思いを伝えろ。以上！」

「はい、わかりました。ありがとうございます！」

　こうして二〇一〇年十一月末、私は十一年八カ月勤めた東京都庁を退職しました。十八歳で都庁に入り、先輩方に可愛がっていただき、無理を言って大学にも行かせてもらい、さまざまな実務を学ばせてもらっただけに、働き盛りの三十歳になる直前の退職を心苦しく思いましたが、都庁で学んだことを夕張で活かせれば……という気持ちでした。

「安定した公務員の仕事を捨て、財政破綻したまちの市長選に出るなんて、どうかしている」という声も聞こえてきましたが、「バカだと思われてもかまわない。この決断が間違っていなかったと言ってもらえるように頑張ろう」と、覚悟を決めていました。

見て、聞いて、行動する

二〇一〇年十二月上旬、スーツ二着と五日分の下着を詰めた鞄《かばん》一つを持ち、私は新千歳空港に降り立ちました。

　その頃、すでに夕張市長選には二人の候補者が名乗りを上げていました。一人は、前回の市長選に出馬して藤倉肇市長に僅差で敗れた実業家の羽柴秀吉《はしばひでよし》氏。もう一人は、飯島夕雁《いいじまゆかり》前衆議

院議員です。現職の藤倉市長も再選に意欲を見せていると伝えられていました。

　そのなかにあって私は、選挙で勝つために必要不可欠と言われる「地盤（地元有力者とのコネクション）」「看板（知名度）」「鞄《かばん》（お金）」のどれ一つとして持ち合わせていません。地盤は、派遣時代にボランティアなどで知り合った方々と、市役所で一緒に働いた仲間たち。看板は、なし。鞄は東京都庁の退職金三〇〇万円だけ。

　そんな私にできること、やらなければならないことは、ただ一つ。石原都知事からアドバイスされた「夕張市民全員と会うこと」です。告示日までの約四カ月間に、私の人となりと夕張への思いを知ってもらわなければなりません。

　住宅が密集している都会と違い、夕張は家と家との間がかなり離れています。痛いほどの厳寒のなか、朝から晩まで一人でも多くの人に会うため、歩き続けました。分厚い靴下の上に長靴を履いていても、しばらく歩くと寒さで足先の感覚がなくなり、両足の爪は内出血で真っ黒になりました。握手をするので、手袋はなし――。

　初めのうちは、「鈴木直道です」と挨拶しても、「誰？」という反応が多かったのですが、辛抱強く続けているうちに、だんだん反応が変わってきました。

「知ってるよ。夕張に戻ってきたんだってね」

「陰ながらいつも応援しているよ」

お辞儀とともに頭に積もった雪を落としてしまった私を見て、笑いながら、
「寒いのに、よく頑張っているねぇ」
と、氷のように冷たくなった私の手を両手で包んで温めてくださる方もいました。
その温《ぬく》もりは、今でも忘れることができません。

選挙事務所の壁に貼ったカレンダーと地図に、どこを回ったか、何人と会って話をしたか、マーカーと鉛筆で一日一日記録をつけていきました。「候補予定者のなかでいちばん若いのだから、体力で負けるようではダメだ」と自分に言い聞かせました。

一日も休まず歩き続けた結果、告示日までに、約六〇〇〇ある世帯のうち五七〇〇世帯以上の方々とお会いし、「バスの本数が少ない」「一人暮らしの老人が多い」「病院を充実させてほしい」など、さまざまな声を直接聞くことができました。

こうした声こそが、まちを暮らしやすくしていくためのヒントです。**たとえすべてを実現することは不可能であっても、実際に見て、聞いて、行動することで、少しでも現状をよくしていかなければならない——。**そのことを実感させられる日々でした。

選挙は究極の面接試験

こうして迎えた投票日。午後八時に始まった開票の結果を、私は自宅で待っていました。

告示日から一週間。選挙カーでの市内巡回や街頭演説で感じてきた有権者の熱気と、最終的な票数との落差がどのくらいのものなのか、初めての選挙なので私にはまったくわかりません。応援してくれた多くの人の期待に応えなければいけないし、そこで自分の人生も決まります。退路を断ったうえでの出馬なので、結果が出るまでは生きた心地がしませんでした。

もちろん最悪の事態も想定し、落選したら妻と二人で夕張に残り、一市民として夕張のための活動を続けていこうと思っていました。十代半ばから働き、どれだけ借金があっても家族三人の力で暮らしてきたという自負があるので、

「仕事を選ばずに必死で働けば、夫婦二人、ご飯だけは食べていけるよ」

根拠のない自信ですが、妻との間では、そんな話もしていました。

午後九時過ぎ、テレビ画面に「当　鈴木直道」の速報が流れました。

大急ぎで自宅近くの選挙事務所へ向かうと、大勢の人が泣いて喜んでくれました。

最終的に、投票率は八二・六パーセントにも達しました。言うまでもなく、この数字は、それだけ市民が夕張の将来を真剣に考えていることの証《あかし》です。

三十歳になったばかりの私は、当時としては全国最年少の市長となり、「高齢化日本一のまちに、日本一若い市長が誕生した」とメディアで報じられました。

この勝利は、さまざまな人たちの応援と助けがあったからこそのものです。

一票の重みを肌で感じた出来事があります。ある目の不自由な方が、私に票を入れたいと、投票用紙に「鈴木直道」と書く練習を続け、選挙当日、自らの字で書いた一票を投じてくださったというのです。代筆を頼むこともできるのに、その方は、「どうしても自分で書きたかったんだよ」とまで言ってくださいました。

当選したあと、たまたま選挙事務所のバックヤードで母と話す機会があり、そのときに「直道、まだ生まれてこなければよかったと思ってる？」と聞かれました。そのときは「別にそんなこと思っていないよ」と素っ気なく口にしました。

ただその後、家庭が大変だった高校生の頃、私が母に「こんなことなら生まれてこなければよかった」と言ったことをずっと気にしていたのだと思い当たりました。今では大変な思いをして育ててくれた母には大変感謝しています。

仕事で多忙ななか、ボランティアで私を支えてくれた仲間たちもいました。

そして、なくてはならない存在だったのが、埼玉から夕張に家族で移住を決断した君島孝夫《きみじまたかお》さんです。同じ埼玉県三郷《みさと》市で暮らしていた君島さんとの出会いは、私が高校生の頃でした。私が夕張に選挙事務所を構えて一人で悪戦苦闘していると知り、君島さんは埼玉から手弁当でまるまる三カ月もの間、手伝いに来てくれたのです。

君島さんが埼玉に戻ったあとも、私のなかでは、告示日までの活動中、雪深い市内を一人でも多くの人に会うために訪ね歩き、夕張の未来を語り合った絆が心に深く残っていました。一年悩んだ末、これからも夕張で一緒に頑張っていきたいという気持ちを正直に君島さんに打ち明けました。君島さんも「市長としての直道君を支えたい」と応えてくれて、夕張への移住を決意。移住の二年後には、なんと市議会議員に立候補し、当選しました。今でも夕張のために奔走してくださっています。

夕張への移住を決断したとき、君島さんは六十代半ば。「直道君は息子のようなものだから」と、今でも夕張の未来を語り合う同志です。

応援演説には石原慎太郎都知事も駆けつけてくださいました。折しも、東日本大震災のすぐあとに都知事選挙が行われることとなり、石原都知事は連日防災服で災害対応し、自身の選挙でも数えるほどしか街頭演説ができない状態でした。

選挙戦の最中に電話で話したとき、「今は、自分ができることをしっかりとやれ。必ず行くから」と力強い言葉をかけていただきました。もちろんこのような状況のなか、正直に言って、夕張まで来ることは難しいであろうことは私にもわかっていました。

しかし、二〇一一年四月二十日、私が立候補を伝えたときにかけてくださった「裸ひとつで挑戦する若者を、俺は、殺しはしない」の言葉通り、石原都知事は夕張まで駆けつけてくださったのです。まさに有言実行の方でした。

これには皆びっくり仰天し、JR清水沢《しみずさわ》駅前で一緒に街頭演説をしたときには、当時の夕張の人口の一割強に当たる一〇〇〇人もの人が集まったほどです。

今でも、マイクを手に「皆さんに、鈴木君の命を預けますから、どうか鈴木直道を大きな政治家にしてやってください」と懸命に演説されていた姿が目に焼き付いています。

私は、選挙は「究極の面接試験」だと思っています。

今ではテレビやSNSなどでも候補者の人となりを知ることができますが、投票するにあたってどんなふうに選んだらよいかわからないという声は多く聞かれます。

夕張では、日本唯一の財政再生団体として、今後、誰が市長になるかで、まちの行く末が大きく変わりかねない事情があったため、皆が選挙を自分事として考え、どのような人に市長になってほしいかを真剣に考えました。

そのなかにあって、多くの政党の推薦を受けた候補でもなく、知名度のある候補でもない、泡沫《ほうまつ》候補と言われた私が当選できたのは、これまでに出会った「鈴木を支えよう」と思ってくれた方々のおかげです。

のちに市民の方から、「若いけど、この人ならうちのまちを任せてもいいな、と思ったのよね」と言われたことがありました。選挙というのは、今までどういう価値観で物事を判断し、決断を積み重ねてきたか、生き方そのもの、人となりといった諸々《もろもろ》を、各候補者が有権者の前にさらけ出すものです。「この人にならら……」と思ってもらえることは、心からありがたいと思いました。

「この人なら任せてもいい」のひと言は、今でも私の心にしっかりと残っており、自分が少しでもそうなれるよう、日々努力を続けています。

不可能を可能に！――財政再生計画抜本見直しへの道

前章で述べたように、夕張市は何よりも借金を解消することに力を傾けてきました。財政破綻した以上、それは最優先されるべきことではありますが、そのために「まちの再生」が置き去りにされているという現実がありました。

たとえ計画通りに借金を全額返済して財政再建が成ったとしても、まちが疲弊し、住民が笑顔で日々の生活を送れなくなっているとしたら本末転倒です。財政再建と地域再生は「車の両輪」なのです。同時進行でやらないと、夕張はまちとして死んでしまいます。

そのために必要不可欠なのが財政再生計画の抜本見直しでした。

しかし、これは一朝一夕にできるものではありません。たとえば、市の借金を何年がかりで返していくかを見直すには、毎年かかる費用の概算を算出し、借金を毎年いくら返すかを決め、見直しの際にどんな事業を盛り込むかも検討しなければならない。どうやって抜本見直しにもっていくかのプロセスも考えなければなりません。

そもそも、財政再生計画に計上されていない予算については、計画変更の都度、「計画変更案の作成→市議会の議決→総務大臣と協議→総務大臣の同意→予算についての市議会の議決」という非常に煩雑な手続きが必要です。そのため当初は、「財政再生計画の抜本見直しなど、絶対に不可能だ」と言われていました。

しかし、私たちは、夕張市が財政再建団体になって十年目の節目を迎える二〇一六年度を目標として抜本見直しの流れをつくっていき、「絶対不可能」を「可能」にしたのです。図2は、夕張派遣時代からの大まかな流れを示したものです。

私が市長に就任して二年目の二〇一二年に、市内の住宅編成を整備し（コンパクトシティ）、国と北海道を巻き込んで夕張の諸問題を話し合う「三者協議」をスタートさせました。市長二期目には、資金面（個人版・企業版ふるさと納税）、交通面（JR石勝《せきしょう》線夕張支線の廃線とバスルートの整備）でも見通しがつきました。これらについては後に詳述します。

また、市は二〇一五年夏に、有識者からなる第三者機関「夕張市の再生方策に関する検討委員会」（以下、検討委員会）を設置。約五カ月をかけて夕張市の実情とこれまでの事業の効果と課題を検証してもらい、翌年三月に検討委員会から提出された報告書に基づき、夕張再生を進

図２ 財政再生計画抜本見直しまでの大まかな流れ

2008	派遣（市職員）
2009	再生市民アンケート
2011	市長就任
2012	コンパクトシティ　三者協議スタート
2014	個人版ふるさと納税
2015	市長二期目　第三者検討委員会設置
2016	企業版ふるさと納税　攻めの廃線
2017	財政再生計画の抜本見直し

めていくための抜本見直し計画書をつくり上げました。有識者の意見をまとめることで、外部も巻き込んでいったのです。

その間に私は、菅義偉官房長官にお会いして新たな財政再生計画に財政面で最大限の支援をいただきたいとお願いする一方、ＮＨＫの特別番組への出演や日本記者クラブでの会見をはじめとするメディアへの露出を増やし、

「夕張が抱えている財政難・人口減少・少子高齢化という三つの問題は、皆さんにとって対岸の火事ではありません。〝夕張の今〟は未来の日本の縮図です」

と、訴え続けました。夕張の問題を「自分事」として広く知ってもらうことで、より多くの人を巻き込み、抜本見直し実現への流れをつくっていくためです。

そして、二〇一七年三月。地域の再生を盛り込んだ財政再生計画書は、高市《たかいち》早苗《さなえ》総務大臣の承認を得ることが

できたのです。

これにより、認定こども園の整備、第二子の保育料や中学生までの医療費の無料化など住民負担の一部軽減が可能となり、市の中心部・清水沢地区に、図書館・児童館・市民会館などの機能を備えた拠点複合施設（のちに「りすた」と命名）を建設することと市立診療所等の移転改築も認められました。過去には許されなかったことばかりです。

ここに至るまでには、各方面の方々からの多大な協力がありました。

二十六歳で東京都から応援職員として夕張に派遣されたとき、私は東京のテレビ局の人から
「意気込みは？」と訊かれ、

「鈴木君が来てくれたから夕張が明るくなった、と思ってもらえれば嬉しいです」

と、答えていました。そのときのことを思い出すと感無量でした。

「あれから十年かかったけれど、やっとここまで来れた」

こうして財政再建の道筋がつくと、市民にも明るい光が見えてきたようで、皆さんと開いた記念集会では、「夕張市のイメージが変わってきたね」との言葉も飛び出しました。

リスタートの取り組みの一つとして、夕張のプロモーション映像も制作しました。そのBGMには、北海道出身のロックバンドGLAYが、代表曲「BELOVED」を無償提供してく

れました。ＧＬＡＹのメンバーは、二〇〇七年に夕張市が財政破綻したときから、夕張再生を支援してくださっているのです。

人口減少を前提にしたまちづくり「コンパクトシティ計画」

私が市長に就任してすぐに取りかかったのは、「人口減少問題」でした。人口減少に関しては今後二十年間で夕張市の人口が半減することが予測されており、それに備えて将来の都市構想とそのプロセスをつくっていく必要があったのです。そこで私は夕張の人口減少を前提にした「夕張市まちづくりマスタープラン」の策定に着手しました。もちろん、人口を増やすための対策は引き続き模索していく一方で……ということです。

マスタープランを策定する委員会には、行政側だけでなく市民団体や公募による市民にも参加してもらいました。また、地域の代表者に参加してもらう地区懇談会も設けました。

夕張市は、かつて炭鉱の坑口ごとに集落が形成されていたため、東京二三区がすっぽり入る広大な土地に市街地や集落が点在しています。それらの拠点には炭鉱住宅をそのまま受け継いで老朽化した公営住宅が計三七〇〇戸もありましたが、約三割は空き家でした。また、住宅地には何棟もの団地が立ち並んでいますが、一棟に数世帯しか住んでいない団地もありました。

しかし、一人でも住んでいればメンテナンスや除雪が必要です。そうした維持費だけで年間数億円もかかり、それが夕張の財政をさらに圧迫していました。どんなにお金をかけて公営住宅を修繕しても、穴のあいたコップに水を入れるようなものです。

しかし、ものは考えようというか、個人の戸建住宅や民間のマンション・アパートに比べて、公営住宅は行政主導による整理・縮小が進めやすいという強みがあります。

我々は、これらの公営住宅を国道や道道沿線の便利な市の中心部に集約し、市街地から遠く離れた地域に住んでいる人々に移転してもらってはどうか、と考えました。そうすれば、市民は効率的な暮らしができ、行政サービスも行き届きやすくなり、お年寄りの孤立を避けることもできます。

この考えに基づいて立案したのが「コンパクトシティ計画」です。

日本には、まちの拠点を人口減少とともにゆるやかに中心部へ移行させる自治体はありましたが、人口減少を前提としたまちづくりを構想したのは夕張が「全国初」であり、海外メディアから注目され、ニューヨーク・タイムズなどでも特集されました。

なぜそれまで前例がなかったのかというと、自治体の長が人口減を前提とする主張をした時点で、「地域を発展させることを放棄した」と地域住民に受け取られ、次の選挙に当選するのが難しくなるからです。ありていに言えば、落選を恐れて現実から目を背《そむ》けてしまう政治家が多かったのです。

「コンパクトシティ計画」は、まず今後十年かけて集落内の中心地に、ある程度まとまって住んでもらう。さらに十年かけて、鉄道や国道などの交通網が整っている市の中心部に集落を移し、そこに医療施設や商業施設なども集中させる、という内容です。

ただ、全国初の試みなので、どのようにして市民の納得を得て進めていけるかがカギとなりました。大半の人は、「市街地を集約し効率化を図ります」という「総論」には賛成してくれますが、「あなたの住んでいる地域は移転の対象なので、引っ越しをお願いします」という「各論」になると、「長年住んできた場所から出ていけというのか」と反対します。それが普通の感情です。私たちが最も大切にしたのは、この「感情」でした。

何世代にもわたって暮らしてきた土地を離れることは、その人の人生を左右する大問題であり、合理的に進めればうまくいくというものではありません。一〇人いれば一〇人それぞれに、住み慣れた土地や家への思いがあるのです。

「損得勘定に訴えるのではなく、住んでいる方々の気持ちに寄り添おう」

移転の交渉に当たる際、担当の市職員たちと誓い合い、住民の皆さんを何度も訪問し、何時間もの対話を繰り返しました。住み慣れた場所を離れてほしいと説得するのは、とてもつらいことでした。それでも、一人ひとりと膝を突き合わせて何度も話していくなかで、「皆さんが夕張に住み続け、次の世代に夕張をつなぐために必要なのです」という私たちの思いが伝わり、最終的にほぼ一〇〇パーセントの同意をいただくことができたのです。

二〇一二年、市中心部の清水沢地区に、木造平屋建て六棟二八戸の「歩《あゆみ》」という団地と、二棟一二戸の「萌《めばえ》」という団地が完成しました。「歩」団地には各戸に庭があり、もし庭が荒れるなどの変化があれば、周囲が気付いて声をかけ合うことも期待できます。

二〇一四年、「歩」団地は、住意識の向上を図り、豊かな生活を実現するための「住生活月間」功労者表彰において、最高賞である国土交通大臣表彰を受賞しました。

一方、清水沢地区の南東に位置する真谷地《まやち》地区では、集落に何棟かあった公営住宅に点々と住んでいたお宅を、いくつかの棟に集約する「集落内での集約化」を実施。公営住宅自体は古い建物ですが、断熱材を入れ、手すりを付けてバリアフリーにするなどのリフォームを施しました。住民にとっては暖房費の節約や相互見守りの強化、市にとっては管理コストや修繕費の削減というメリットがあります。

移転された方々が新しい住まいで最初の冬を越した頃。初めは移転に強硬に反対していた九十代の男性、Yさんからかけていただいた言葉を、私は忘れることができません。

「これまでの人生で、いちばん暖かい冬を過ごせたよ」

最大の反対者は最高の説明者に変わる

私が難問について人を説得する際に肝に銘じているのは、**「反対者が賛成にまわってくれたとき、プロジェクトを推進するための大きな力になる」**ということです。

実際、前項の最後に紹介したYさんのエピソードを知った反対派の方々は、「あれほど移転を嫌がっていたYさんが……」と衝撃を受け、その後は「賛成」へと傾いていきました。

強く「反対」を主張する人であればあるほど、根気強い説得の結果、納得して「賛成」にまわると、周囲に非常に強いインパクトを与え、交渉の流れまで変えてしまうことがあるのです。「これまでの人生で……」というYさんの言葉は、私や市の職員が一〇〇の言葉を尽くして移転のメリットを説くよりも、はるかに説得力がありました。最大の反対者が最高の説明者になってくれる――。これは、交渉を進める側にとって最高に心強いと思います。

また、「移転してよかった」という例を見聞きした他の地区の方々のなかには、「自分たちの地区も早く移転を進めてほしい」と感じた人も少なくなかったと思います。はたから羨ましがられるような「成功例」をつくれば、賛成か反対か決めかねていた人たちが賛成にまわってくれる可能性は高くなり、成功例が一つでも増えれば、それだけ賛成してくれる人も増えていくはずです。

そう考えれば、たとえ説得の際に罵倒されたとしても、「この人が自分の応援にまわってくれたら、どんなに心強いかな」と思えるので、心が傷つきにくくなったりもします。

私も、移転を拒む方から三時間も怒鳴られ続けたことがありました。こちらもしんどいですが、三時間も怒鳴っていると相手の方も息が上がってきます。心配になって「大丈夫ですか」と聞くと、

「ああ、疲れた……」

「本当に大変ですよね。こんなにいろいろとお話しくださって」

「いや、聞いているあんたも大変だよな。反対しているのは俺だけじゃないし」

誰でも、三時間も話せばお互いに理解し合えるところが出てきて、前向きな対話の糸口をつかむことができるものです。さらに対話を続けていくと、相手の方は表情もだんだん柔らかくなってきて、「本当に猛反対していたのかな?」と思うほど変わりました。自分の思いの丈《たけ》を言いたいだけ言うことで、心がほどけていったのかもしれません。

反対者を煙たがっていたら、こちらも嫌われたままです。むしろ、そういう人たちのところにこそ、積極的に何度も出向くべきでしょう。そこに説得の好機があるかもしれません。

そのときに大切なのは、双方が同じ情報を持つことです。お互いの事情をわかったうえで、自分たちの提案がそもそも正しいのかどうかも含めて考えたとき、本当に「これしかない」と

いう一手だとしたら、それは相手に響くはずです。もし、こちら側にしかない情報を持っているのに出さずに話し合っていたら、平行線に終わってしまいます。

同じ情報を共有し、「これが最良の方法です」「いや、別の方法もあるのではないか」と対話を重ねて同じ判断に至らなければ、真の意味での解決にはならないと思います。

そして、**プロジェクトを完遂させたあかつきには、協力してくれた人たち、言い換えれば自分が巻き込んだ人たちに対する責任を、最後まで全うすること。これが重要です。**

どんなに素晴らしいプロジェクトでも、「実現できたら、それで終わり」というわけにはいきません。実際に始動してしばらく経てば、新たな課題が生じてくるものです。そうした課題を把握し、しっかり対応していくことで、協力者との信頼関係はさらに強固なものになっていく。それこそが本当の「成功」だと思うのです。

国と北海道を巻き込んだ「三者協議」

職場において、意思決定や情報をボトムアップしていくうちに、本来の意図とは違うものが伝わってしまったり、伝えたい情報が正しく伝わらなかったりすることがあります。こうした〝伝言ゲーム〟の弊害は、皆さんも経験しているかもしれません。かつての夕張でも、同じようなことが起きていました。

夕張市では、財政破綻の直後に策定した財政再建計画や、その後に策定した財政再生計画を、幾度となく変更してきました。計画を変更するには、まず夕張市のなかで変更の必要性を協議し、市議会で議決する。次に、夕張市と北海道が協議し、さらに、北海道が国に説明し、総務大臣の同意を得ることになります。まさに〝伝言ゲーム〟です。

こうした縦の関係では実情が伝わりにくく、時間もかかってしまうだけでなく、関わる人間が多くなるほど、本来の意図とは違うものが出来上がってしまう可能性もあります。

夕張派遣時代から、私はこのやり方に疑問を持っていました。

「夕張は日本で唯一の財政再生団体なのに、その処遇については、夕張に来たこともない官僚が机上でつくった計画を実行している。市民が選挙で選んだ市長や市議会議員には決定権がなく、大臣や官僚だけで夕張の今後の処遇を決めるのはおかしい。国や北海道に、夕張問題の〝当事者〟になってもらわないといけないのではないか」と。

財政再生計画は、市として今後十年間の市民の暮らしを決定する大きな決断なのだから、国・北海道・夕張市の三者が現場をしっかり見て、実務者を交えて意見を聞き、夕張の財政再建と地域再生に向けた課題について話し合うべきだと考えたのです。

何度か国や北海道を動かそうと試みましたが、派遣時代には叶《かな》わず、夕張市長に就任した二〇一一年の冬、改めて総務大臣と北海道知事にお願いし、同意を得ることができました。

この「三者協議」で重要なのは、東京や札幌ではなく「夕張で話し合う」こと。異なる環境で起きている問題を、異なる環境にいる人間の感覚で理解するのは難しい。実際に現場を見て、“当事者”として必要な具体策を考え、方向性を共有する仕組みが必要です。

私が構想したその仕組みは、国・北海道・夕張市の実務者たち（総務省の官僚、北海道と夕張市の職員）が年に一〜二回夕張に集まり、夕張の実情をその目で見たうえで課題を出し合い、方向性を決めていく、というものでした。

実務者レベルでの協議にしたのは、継続性と専門性を持たせるためです。大臣・知事・市長は短い期間で替わる可能性もあります。その点、官僚や道・市の職員には継続性があり、各人の分野で豊富な知識と情報を持っています。総務大臣・知事・市長は、三者協議のなかで政治的判断が必要になった場合に関与すればいいのです。

二〇一二年七月十九、二十の両日、三者協議が実現し、国からは総務省財務調査課長ら三名、北海道からは地域行政局長ら六名、夕張市からは理事と全課長が参加しました。

一日目は、夕張の実情を国や北海道の実務担当者に理解してもらうために、市内各所を視察しました。老朽化した公営住宅や、大雪で倒壊した美術館などを目の当たりにした総務省と北海道の担当者は、このような感想を漏らしました。

「見ると聞くとでは大違いですね」

二日目は、夕張にとって優先順位の高い課題一七項目について重点的に協議。市内で極端に少ない民間賃貸住宅の建設促進、夕張メロンなどの農業振興施策、廃屋・空き家対策など八項目について解決の方向性を見出すことができ、財政再生計画への反映に向けた取り組みを進めていくこととなりました。

市内視察や意見交換を通じて、夕張の現状とさまざまな課題を国や北海道の実務担当者と共有し、実情を踏まえて協議できたことは、非常に意義あることでした。以後、三者協議は毎年行われるようになり、コロナ禍による中断を挟んで、現在も続いています。

また、総務大臣が交代しても夕張への対応が変わってはならないということで、大臣が替わるたびに夕張に視察にきてもらう前例もつくり、私の市長在任中は歴代の総務大臣が夕張を視察し、問題を共有することができました。

仕事の方向性を決めるには、同じ方向を向いて進んでいるという意識を当事者が持つ必要があります。必ずしも同じ方向に進むことばかりではありませんが、そうした姿勢は欠かせないと思います。

■地元企業の応援に支えられて

財政再生団体である夕張市は、財政再生計画に計上されていないことを実行しようとしても、「災害その他緊急でやむを得ない場合」を除き、何をするにもまずは国の同意が必要です。

しかし、借金返済のみの再生計画では、まちは疲弊していく一方です。「地域を再生して豊かにするための財源を、自ら捻出しなければ」との思いから、市長二期目の私は夕張にゆかりのある企業をまわり、「企業版ふるさと納税」による寄付をお願いしました。

最初にお願いしたのは、株式会社ニトリホールディングスです。

一九六七年に「似鳥《にとり》家具店」として札幌市で創業した同社は、ご存じの通り、国内最大手の家具・インテリアの小売店。似鳥昭雄《あきお》会長は常々、「ニトリは北海道に育ててもらった」と語り、今も本社を札幌に置いています。


もともとニトリは、夕張市が財政破綻した二〇〇七年から、夕張が日本一の桜の名所となって多くの人が訪れるようにと何万本もの桜を植樹し、「ゆうばり桜まつり」のスポンサーにもなるなど、応援してくれていました。

夕張派遣時代の私は、ボランティアの一員として「ゆうばり桜まつり」の会場で鹿のフン拾いや祭りの運営に参加していたとき、似鳥会長の来賓挨拶を聞きながら、「似鳥さんの応援のおかげでお祭りができて本当によかった」と思っていました。

直接お話しするようになったのは、ニトリの創業以来、会長を支え続けている百百代《ももよ》夫人との出会いがきっかけです。百百代夫人は、私が都庁から夕張に派遣されたことをテレビのニュースで知り、「なぜ夕張のような大変なところに？」と関心を持たれたそうで、私が市長選に出ることになったとき、「応援したい」とわざわざ会いに来てくださいました。それ以来、似鳥夫妻は親しく接してくださるようになったのです。

私が夕張市長に就任してからは、似鳥会長からはよく「逆境に挑戦しろ」「不可能を可能にしろ」と言われました。会長自身、ニトリを現在のように成長させるまでは逆境の連続だったということで、若き日の自分と私を重ね合わせるかのようにして、接してくれていたのではないかと思います。

こうした関係性が築かれていくなか、企業版ふるさと納税制度（地方創生応援税制）が創設されることになりました。ただ、個人版ふるさと納税とは違って手続きが非常に煩雑なため、制度をつくっても目立った実績は上がらないのではないかと政府は懸念していました。しかし、財政の厳しい夕張市にとってこの制度は大変ありがたい制度であり、全国の自治体にとっても軌道に乗ればたくさんの新しい試みが実施できるだろうと考えました。

「それなら、この制度が成立したらすぐ、似鳥さんに相談してみよう」と思いました。

似鳥会長がよく口にする言葉は「ロマンとビジョン」です。世のため、人のために人生を懸けて貢献する「志」を持つことが「ロマン」。ロマンを持って仕事に向き合い、それを実現するのに必要な目標や計画を持つことが「ビジョン」です。「夕張の破綻は北海道の低迷の象徴だった」と語る似鳥会長は、夕張のことを破綻当初から案じ、応援を続けてくれていました。そして第1章で述べたように、寄付というのはそこに寄せる思いとともに、世の中の耳目を集めて応援の機運を高めるうえで「一番乗り」にも意味があります。私はそう考えました。

「日本を代表する企業であるニトリが、企業版ふるさと納税の第一号として夕張に寄付をすると表明すれば、必ずや注目される。ニトリが先陣を切れば、あとに続く企業が次々と出てきて、政府の懸念も払拭《ふっしょく》されるはずだ。ニトリからの寄付金は、夕張のまちを今後十年で変えていくことに使わせていただく。夕張をずっと応援してくれているニトリにふさわしいし、似鳥会長の言う『ロマンとビジョン』にも合致するはずだ」

私は思い切って、似鳥会長のもとへ直談判《じかだんぱん》に行きました。

「企業版ふるさと納税制度が始まって最初に日本一の寄付をすれば、記憶にも記録にも残ります。それをやるのは、今までずっと北海道を応援してくださっているニトリ以外にありません。ぜひ、お願いします」

その場で似鳥会長は三億円もの寄付をすることを即決。その額に驚いた私は、ふるさと納税の制度をつくった菅義偉官房長官と石破茂地方創生大臣に、これから企業版ふるさと納税の普及を進めるうえで素晴らしい一歩になるだろうとの思いから電話をしました。

その直後、似鳥会長から電話が入り、
「三億円寄付しようと思っていたが……」
てっきり、「これはやはり金額が多すぎて減額されるのだろうな」と身構えていたら、
「五億円寄付することにしたよ、夕張の未来のために」
私は驚きのあまり、「ふ、増えるぶんには大変ありがたいことです……」とお伝えするのがやっとでした。

こうして二〇一六年、企業版ふるさと納税の第一号として、この制度で最大規模の額となる五億円の寄付が実現したのです。

似鳥会長は、「財政破綻した夕張への寄付は、北海道への恩返しの一つだ」とおっしゃっていました。

その後、漢方薬の分野で日本トップのシェアを誇る株式会社ツムラからも三億円の寄付をいただきました。同社は、二〇〇九年から夕張に根を下ろして生薬の原料となる植物の栽培・加工を行っています。

会長だった芳井《よしい》順一《じゅんいち》さんとも親しくさせていただきました。芳井会長は北海道で生薬の原料となる植物の栽培を始め、ツムラを日本最大の生薬会社に育て上げた方で、常々、

「中国から生薬を買う時代から、中国に日本産の生薬を売る時代にしたい。夕張でキックオフして、そういう時代をつくっていく。それが私の夢なんだ」

と、熱い思いを語っておられました。

苦労が報われた日

企業版ふるさと納税による夕張市への寄付は、日本最多の金額になりました。

「今年は夕張に支援をしてくれたニトリさんやツムラさんのおかげで、八億円のふるさと納税を夕張のために使えることになりました。私の年収はどんなに頑張っても三〇〇万円足らずで家族にはまったく褒められないけど、こうやってみんなが喜んでくれるのがなによりのご褒美です」

と、冗談交じりで夕張の皆さんに報告すると、

「直道君、お給料安いのに頑張って八億円もいただいてきたんだから、大好物の餃子をつくってあげる。食べにいらっしゃい」

市民と私の間では、こういうざっくばらんな会話がいつものことだったのです。

ニトリからの寄付金の一部は、当時、清水沢地区に建設予定だった拠点施設「りすた」に投

入させていただきました。「りすた」が開館したのは二〇二〇年三月のことで、私は新型コロナ対策に奔走していたためオープンに立ち会うことはできませんでしたが、二〇二二年四月二十六日に視察に訪れました。

「りすた」はJR廃線後の交通機能の結節だけでなく、行政窓口や子育て、図書館など人との交流もつくる拠点複合施設です。毎日外でバスを待っていた子どもたちは、りすたで「帰りにみんなで遊べて嬉しい」と喜んでいました。

市内の保育園と幼稚園を統合して新設された認定こども園は、ツムラからの企業版ふるさと納税を活用しました。

市長時代に毎年入園式や卒園式に出席していた私は、子どもたちが雨漏りした古い建物や狭い場所で過ごす環境を変えたかったのです。

こども園の広いホールや園庭で遊んでいる子どもたちを見ていたところ、保育園の先生が「みんな、知事が来たよ」と声をかけました。すると、知事という言葉をまだ知らない子どもたちは、こう言いながら駆け寄ってきてくれました。

「えっ、じじ？　誰のじじが来たの？」

私は、本当に嬉しかった。

実現までに時間はかかりましたが、計画と資金集めに奔走した日々の苦労がいっぺんに報われ、やはりこの施設をつくってよかったと、心から思ったのです。

▒三万六三七円に込められた三郷市からの熱い思い

当時、夕張市に毎月、寄付金を送ってくださる方がいました。私が市長になる前から続いている寄付で、三万六三七円というように数円単位まである振込です。

「なぜ、いつも端数がつくのだろう？」と、私は思っていました。

寄付をしてくださるのは埼玉県三郷市の飲食店で、私が三郷市出身だからかな、と思いつつお礼のためにお店を訪問したとき、ご主人から次のようなお話をうかがいました。

「寄付しているのは、お客さんからの好意で少し多くもらったぶんを店に置いた貯金箱に入れているお金です。以前はバイトたちの飲み代に充てて割り勘の額を少なくしていたんですが、あるとき、皆にこう言いました。

『夕張市が破綻した。若いバイトの子は知らないだろうが、夕張は昔、石炭を掘っていて、その石炭のおかげで日本は発展し、今の日本があるんだ。その夕張の人たちが困っている。皆が了解してくれるなら、貯金箱のお金をぜひ夕張に送りたいが、どうだろう？』

皆が揃って賛成したので、それから毎月、寄付を送るようになったんですよ」

私は自分が恥ずかしくなりました。一万円、二万円という切りのいい額の寄付でいいのにと思い、寄付を受けることに麻痺《まひ》していた自分に気付いたのです。

寄付をしてくださったバイトの人たちは、お金が必要だから働いているのであって、夕張に行ったこともなく、炭鉱も知らないのに、自分たちの楽しみのためだったお金を、夕張に毎月送ってくれている――。これまでいただいた寄付の合計は、一七八万三六四七円にもなりました。その思いをしっかりと受け止め、どう使えばいいかを考えていかなければいけないと、改めて痛感しました。

自分たちの大切なお金を寄付してくださる方々には、当然、一人ひとり違った背景や思いがあります。それを一つ一つ確認することはできなくとも、その思いに心を馳《は》せて、どう活用すればいいかを考えることは、とても大事なことです。

前述のニトリの似鳥さんやツムラの芳井さんのように企業として応援してくれる方や、思うところあって支援をしたいと申し出てくれる方の思いに応えられるよう頑張ろう、という気持ちは、私の大きな原動力になっていました。

夕張市長時代には、かつて親御さんが夕張の炭鉱で働いていたという方々にもたくさんお会いし、「夕張を応援したいけど、きっかけがない」というお話をうかがいました。知事になってからも、「北海道を応援したいが、きっかけがない」というお話を聞いたことがあります。

そうした気持ちを行動として表すのは、なかなか勇気のいることでしょうが、夕張での経験から、お互いにつながりを持つことで支え合うことができたという実感があるので、北海道と、北海道への思いを持つ人たちとの橋渡しをすることも、私の大事な仕事の一つだと思っています。

▒攻めの廃線――石勝線夕張支線の廃止

二〇一六年八月、私はJR北海道の島田《しまだ》修《おさむ》社長と会談し、JR石勝線夕張支線（新夕張―夕張、一六・一キロメートル）の廃線を提案しました。

その十日ほど前、島田社長は、利用者の減少で厳しい経営状況にある鉄道事業を抜本的に見直すことを記者会見で表明しており、JR北海道単独では維持困難な線区が秋までに発表されることになっていました。輸送密度が低い夕張支線は「維持困難な線区リスト」に入るであろうこと、維持を望むなら周辺自治体である夕張市に負担が求められるであろうことは容易に想像できました。

当時の夕張は鉄道もバスも赤字路線で、どちらを残すにせよ莫大なお金がかかってしまう状況。また、コンパクトシティ計画に沿ってまちを変えるには、住民の移動手段も変えなければなりません。そこで、リストが発表される前にあえてこちらから廃線を提案し、廃線の条件として、バスをベースにした交通の拠点づくりの資金を捻出しようと考えました。

座して廃線を待つのではなく、「攻めの廃線」を提案したわけです。

具体的な条件は、「市民の足を守るために、夕張支線の代替となる交通政策に協力してもらうこと」「地元の求めに応じた無償譲渡など、JR北海道が所有する土地・施設の有効活用」「JR北海道社員の夕張市への派遣」の三つでした。

JR北海道が私の提案を受け入れてくれたため、その後は約九カ月間にわたって、具体的にどのような条件にするか協議を続け、最終的に次の条件を引き出すことができました。

清水沢地区に整備を進めている「りすた」に必要な用地を、夕張市へ一部譲渡すること。

持続可能な交通体系として、夕張支線と並行する道路に、支線の二倍に当たる一〇往復のバスを走らせること。なおかつ、このバスは「りすた」も通るルートにすること。

そして、その原資として、七億五〇〇〇万円を夕張市に拠出すること。

いずれも、コンパクトシティ計画を推し進めるための大きな力になります。

これらの条件で最終的な合意に至り、二〇一八年三月に夕張支線廃線に合意する覚書をJR北海道と締結しました。

翌一九年四月一日、明治二十五年（一八九二年）の開業から百二十年余りにわたり夕張のまちを支えてきた夕張支線は、長い歴史に幕を下ろすこととなりました。

北海道の公共交通を取り巻く環境は、人口減少や少子高齢化の進行にともなう利用者の減少などにより、厳しい状況にあります。こうした状況を打開する先駆けとして、夕張市は、地域交通の確保に向けた取り組みの一つの形をつくったのではないかと思います。

鉄道利用の少なさは、かなり以前から北海道にあった課題です。しかし、技術の進歩によって、昔はできなかったことが今はできるようになっている。たとえば、ＩＣＴ（情報通信技術）を活用したＭａａＳ（Mobility as a Service　ニーズに対応して複数の移動サービスを最適に組み合わせて検索・予約・決済等を一括で行うサービス）などです。**新しい技術によって、これまで埋もれていた古い課題の解決を図れる**はずだと、私は信じています。

成功の第一歩は、積極的な反対者を生まないこと

難問について人を説得し、実現するために大切なのは、「積極的な反対者を生まないようにすること」です。

たとえば、石勝線の「攻めの廃線」を打ち出したとき、当初は市民から「反対」の声も多く、話し合いを繰り返しました。その際、ある高齢の女性に、「石勝線が残ったとしたら乗りますか？」と質問したところ、「乗るわけないじゃないの、不便なんだから」

と、おっしゃるのです。「では、なぜ残すほうがいいのですか？」とお訊きすると、

「あのガタンゴトンっていう音がいいじゃないの」

高齢の方々にとって、石勝線には自分が生きてきた歳月の思い出が詰まっているので、「無くならないほうがいい」と思うわけです。その感情に寄り添いながら、

「確かにそれも大事ですが、ＪＲに提案して鉄道をバスに替えれば、皆さんは今よりずっと便利に移動できるようになるし、お孫さんたちの世代に負担をかけずにすみますよね」

と説得を続けていくうちに、「市長の言っていることはわかるよ。これは簡単に反対とは言えないね」と、理解を示してくださる方が多くなっていきました。

人は誰でも、詳しい説明を聞かないうちは「反対」と言いやすいものです。しかし、こちらがそう判断した理由や背景を丁寧に説明し、将来の具体的なイメージを示すと、気持ちがしだいに変わってきます。反論するには自分も筋道立てて理由を説明しなければならないし、決断した人の思いを聞いてしまうと、そう簡単に「反対」とは言いにくい心理になるものです。

ですから、説明を繰り返して積極的な反対者を生まないようにすることが、プロジェクトを進めるうえでは非常に重要だと私は思っています。

もちろん、それでも反対する人はいるでしょうが、「なんだかよくわからないけど、とにかく反対だ」といった無責任な反対を減らすことはできるはずです。

繰り返し説明するには多大な労力がかかりますが、トータルで考えれば、そのほうが労力は少なくすむと思います。なぜなら、**説明が不十分な段階で物事を決めると、多くの人がその問題について咀嚼《そしゃく》しきれていないため、小さな疑問や不満などが積み上がっていき、どこかで爆発してしまう**からです。その混乱を収めるための労力は、説明と説得にかかるそれとは比較にならないほど大きなものになるはずです。

次章では、財政再生計画の抜本見直しのほかに夕張市が行ってきたさまざまな改革と、それらを通して私が学んだことについて述べていきます。夕張市長としての約八年間、常に前例のない課題に向き合い、ぎりぎりの決断を重ねてきたことは、知事になってからの、前例のない新型コロナへの対応にもつながるベースになったと思っています。

第4章

人を勇気づけ、行動に駆り立て、周囲を巻き込む

■良きリーダーは周囲を「その気」にさせる言葉を知っている

私が夕張市長選に立候補したとき市長だった藤倉肇さんは、地元夕張の出身で、かつては横浜ゴムに勤務されていました。北海道ヨコハマタイヤ販売の社長時代に、系列販売会社のなかで最下位に近かった同社の売上高を全国トップにまで引き上げた、という方です。

藤倉さんは二〇一六年に死去されましたが、「自分は市議として鈴木市政を支える」と後押ししてくださったとき、市民を前にして語られた言葉を、今もはっきり覚えています。

「あなた方の息子や娘は夕張から出て行ったまま帰ってこないけれど、鈴木君は帰って来てくれた。そういう人を皆で応援しましょう」

この言葉に心を動かされた市民は少なくなかったのではないかと思います。

また、二〇二二年に亡くなられた石原慎太郎さんは生前、よくこう語っていました。

「突拍子もないことをやる奴がいなくなったら、皆が想像できる範囲でしか世の中が回っていかなくなり、社会はどんどん縮小していく。『あいつ、バカじゃねえか』と言われるようなことをする人間が、道を切り拓いて、社会を拡大していくんだ。皆が同じようなことをしている世の中なんて、全然面白くない」

この言葉を聞くたびに、背中を押されているような気持ちになり、勇気をいただきました。

良きリーダーは、人を勇気づけ、行動に駆り立て、周囲をも巻き込んでいく言葉を知っています。知っているからこそ、素晴らしいリーダーになれるのでしょう。

石原さんは、歯に衣《きぬ》着せぬ発言で物議をかもすこともありましたが、若い人にはとても優しかった。目標に向かって挑戦し、社会を切り拓いていこうと頑張っている若者を応援したい、という思いが非常に強い方でした。

私が夕張市長一年目を迎えた頃、石原都知事は定例記者会見で「鈴木市長に対する今のお気持ちは？」と記者に訊かれて、

「やっぱりとんでもない野郎ですよ」

と答え、ご自身の座右の銘である『孟子《もうし》』の言葉を引用しました。

「自ら反《かえり》みて縮《なお》くんば千万人と雖《いえど》も吾往《われゆ》かん」

自分自身を省みて、自らの行いが間違っていないと信念が持てるなら、たとえ相手が千万人いようとも敢然と突き進んでいく――という意味です。そのあと石原都知事は、

「そういう青年は美しいじゃないですか。志を持ち、何と言われようが俺は思ったことをやるんだ、という若者が増えてもらいたい」

と、広く若者に向けてエールを送りました。

「美しい」というフレーズは、作家・石原慎太郎ならではのもので、普通はなかなか出てきま

せん。そのあとの言葉を私は、「どんな困難があっても志を曲げるな」という励ましとして受け止めました。そして、エールを送られた若者の一人として、「この期待に応えなければ」との思いを新たにしたのです。

■市役所改革――元気な職場をつくるために

市長選で私が公約として掲げたのは、「①安心の医療体制をつくります　②除雪などの生活負担を軽減します　③夕張を再生します　④夕張と東京をつなぎます　⑤元気な市役所をつくります　⑥その他着実に進める政策メニュー」でした。この六つのテーマごとに具体的な政策を連ね、合計すると公約の数は四一になりました。

これら四一の政策について、「達成済・着手・未着手」「実施状況」「主管課」（市役所の担当部署）がひと目でわかる「政策公約進捗管理表」をつくり、市民に公開。市長一期目の半ば（二〇一三年度末）には全体の進捗状況が、達成済一五、着手二四、未着手二となりました。

とはいえ、市長になった当初は、突発的に起こる問題に対応せざるを得ないこともありました。財政破綻前に三〇〇人近くいた市職員が半分以下の一四六人に減って現場は混乱しており、「机の中からこんな書類が出てきました」「どこそこの建物が壊れました」といった問題が顕在化したら、その都度対応していくしかなかったのです。

もちろん、それではどうにもならないので、前章で述べた「三者協議」の体制づくりや財政再生計画の抜本見直しへの流れづくりといった、問題解決への大きな枠組みの構築にも取り組んでいました。しかし、日々いろいろな問題が起こります。

どのような組織でも同じだと思いますが、**仕事には、突発的な目の前の問題に対応する部分と、中長期的に課題を整理し検討していく部分とがある**のです。

こうしたなか、真っ先に着手したのは市役所改革でした。「三年以上異動していない職員は異動対象」とし、職員の六割に異動してもらいました。

当初、これにはほとんどの職員が反対しました。役所には専門的な仕事も多く、大幅な異動はかえってマイナスになる恐れもあるからです。それは私にもわかっていましたが、異動のないことの弊害のほうが大きいと考え、皆に協力してもらいました。

すでに述べたように市職員の数は破綻前より半減し、残った職員に重い負担がのしかかっています。また、道と国の同意がなければ、雨漏りしている保育園の屋根を修繕することさえできません。**そういう一種の閉塞状況が続くと、人間というのは、「同じ仕事をやっているほうがラクだ」「新しい試みなど、どうせできない」と考えるようになってしまう**ものです。

思考停止や諦めムードに陥ってしまわないためには、大幅な異動が必要です。**それまでやっ**

たことのない仕事をすることで、一人ひとりの実力はよりアップし、新たな発想やチャレンジ精神も生まれるでしょうし、将来的には、すべての部署を横断的に把握できるような人材も育ってくるはずだ、と考えたのです。

もう一つの市役所改革は、それまで置かれていた副市長の役職を廃止したことです。副市長の給与は財政破綻後に六四パーセント削減され、年収ベースで三〇〇万円足らずになっていました。かなり高い志を持つ人でも、その報酬で激務をこなし、生活していくのは大変でしょう。それならば、副市長を廃止して浮いた三〇〇万円を、公約にも掲げた乳幼児医療費無料化など、別の事業に充てるほうがいいと考えたのです（のちに財政再生計画の抜本見直しを国と北海道に求めた結果、二〇一三年秋から乳幼児の医療費は無料となりました）。

なお、副市長の廃止にともない、北海道と東京都に副市長相当の人材の派遣を要請しました。かつての私のような「**よそ者**」**の視点から問題を見ることも大事**だと思ったのです。道庁は夕張の内情を理解しているベテラン職員を、都庁は若手管理職を派遣してくれました。二人の報酬は道と都から出るため、夕張の支出はゼロに抑えることができました。

■財政破綻のなか「まちづくり企画室」の最初の事業

夕張市役所には、いかにしてまちを再生させるかの問題を考える企画部署がそれまでなかったので、二〇一一年七月、市長直轄のチームとして「まちづくり企画室」を新設しました。

そのメンバーとともに最初に取り組んだのは、「ロックんロード２７４」という事業です。

その年の秋、道央と道東をつなぐ道東自動車道（以下、道東道）の夕張ＩＣ―占冠《しむかっぷ》ＩＣ間が開通することになっていました。これにより札幌圏と帯広圏が高速道で結ばれ、新しい人やモノの流れが生まれる一方で、夕張ＩＣで降りて一般道を利用する車は六割程度減ってしまうことが予想されていました。

そこで私は、ＮＥＸＣＯ東日本（東日本高速道路株式会社）の佐藤龍雄《さとうたつお》会長にお会いし、「夕張ＩＣでは無料で高速道を乗り降りできるようにしていただけませんか？」と、お願いしました。道東道の利用者に夕張で寄り道してお金を落としてもらおう、という提案です。もちろん期間限定ですが、高速道路の乗り降りを無料にするのは全国初の試み。しかし佐藤会長は、「それはやるべきだ」と賛成してくださいました。

道東道の開通で夕張と同様に「通過自治体」となってしまう国道２７４号沿いの、むかわ町、日高町《ひだか》、占冠村と協力して「ロックんロード２７４」事業を立ち上げました。五〇〇円でリストバンド（のちにキーホルダー）を販売し、四市町村の協力店舗でそれを提示すると、ランチが二割引きになるなどの優待サービスを受けられる仕組みです。

夕張では五三店舗が協力してくださり、この事業は大好評を得ました。夕張市はＰＲ費も含めて一円もお金を出しておらず、リストバンドを売って得た五〇〇円は、そのまま次の事業を生み出す資金となったのです。

「ロックんロード274」は、財政破綻後に成功した、初の全市的な取り組みだったと言ってよいと思います。地域の方々の協力と、「まちづくり企画室」のメンバーの尽力により、市民が成功体験を共有できたことは、夕張にとって大きな意義のあることでした。

当時、夕張の現状を伝えるニュースというと、「財政破綻した夕張市では……」といったナレーションやテロップとともに、古いボロボロになった家や淋しそうに歩く高齢者の後ろ姿を映し、そのあとになぜか野良猫を映す、というスタイルが定番になっていました。

夕張の現状を短時間で伝えるための一つの形だったのでしょうが、こうした映像が繰り返し放送されるうちに「再生は非常に厳しい」というイメージが、夕張にはこびりついていました。これを一気に覆すのは非常に大変なことなのです。

けれど、**暗い闇の中にあればあるほど、小さな光でも強く輝く。厳しい状況にあるからこそ、懸命に頑張る姿が輝き、そこに共感の手が差し伸べられる。**「応援してくれている人がいる」と感じられれば、皆、前向きな気持ちになり、笑顔も増えていく――。そんな夕張の姿を発信していくことが自分の仕事だと思っていただけに、「ロックんロード274」の成功は私にとっても大きな力となりました。その後夕張でのこの取り組みは、道内の高速道路を途中下車しても料金が変わらない「ふりーぱす」と連動して、地域を応援する全道のモデル事業となりました。

たとえ小さな成功体験であっても、それを積み重ねていくことは、より大きな取り組みを成すうえで大きな力になると、今も信じています。

▒「企業団地九割引き」と「カタールへ夕張メロンを」

破綻した夕張の財政を立て直すためには、自力で稼がなければなりません。

そのために、企業誘致や観光事業などに取り組む「産業課」を市役所に新設しました。すでに夕張には、漢方薬メーカーのツムラ、時計メーカーのシチズン時計、冷凍食品メーカーのマルハニチロなどが進出していましたが、人口減少と財政難に悩む夕張は、雇用拡大や税収増につながる企業誘致に、よりいっそう力を入れるべきとの考えからです。

産業課では、それまで進展のなかった企業誘致の状況をなんとか打開しようと議論を重ねた末、「企業団地九割引き」という思い切った価格を打ち出し、夕張の魅力をアピールするために頑張ってくれました。私も、出張で上京した折には首都圏の企業をできる限り回り、ＰＲに努めました。その結果、道内外の企業三社の進出が決まり、二〇一二年末に企業団地は無事完売。財政破綻後初の企業進出が実現しました。

また、前述の公約④に掲げた「東京都との連携」では、夕張派遣時代に仲間たちと企画し、都庁での恒例行事となっていた夕張物産展（現・夕張観光物産展）で、夕張メロンの販売を実施。私も夕張メロンを売りに立ち、「再生の機は東京にあり」と、改めて感じました。東京に出向いて夕張を売り込み、東京の人やモノを夕張に導くことが再生の一歩になるのだ、と。

夕張観光物産展は、近年は新型コロナの影響で中断していましたが、二〇二二年六月、二年ぶりに開催。都庁第一本庁舎一階の全国観光ＰＲコーナーを訪れた人々は、夕張の観光動画を楽しみ、次々に夕張メロンを購入してくれました。

ちなみに「夕張メロン」は、非常に厳しい基準をクリアしたものだけに与えられる商標です。夕張でメロン栽培が始まったのは大正時代末期のこと。栽培農家が試行錯誤を繰り返し、農業関係者がＰＲに努めたおかげで、夕張メロンの知名度は全国区となりました。

その知名度をさらに世界へと広げるために、二〇一三年の夏、私は単身、中東のカタールへ飛びました。きっかけは、前年一月に、東日本大震災で被災した東北三県の子どもたちとご家族七〇〇人が夕張を訪れたことです。この訪問は、カタールから被災地復興支援にと寄せられた義援金で創設された「カタールフレンド基金」により実現したものです。その際、カタールの外務担当相も夕張入りし、「次は夕張メロンの時期に来ます」と話されました。

二〇二二年ＦＩＦＡワールドカップの開催地となったカタールはペルシャ湾に面した小国で

すが、一人当たりのGDPは世界トップクラスで富裕層の割合が高く、購買意欲が旺盛《おうせい》です。また、石油と天然ガスの産出国で、日本もカタールから輸入しています。

カタールと友好関係を築いておけば、夕張メロンの販路が世界へ広がるだけでなく、日本全体にとってもプラスになるはず――。そうした思いもあり、「カタールフレンド基金」への謝意を表すため、カタールへ向かいました。〇泊三日の強行日程で、渡航費など約三〇万円は、海外出張費の公費からの支出が難しいため自腹でまかないました。

JA夕張市から無償で提供していただいた五〇玉の夕張メロンを手荷物で運び、会談したアティーヤ外相に贈呈。現地王族十数名との会食でもふるまい、好評を得ました。

すると、思いがけないところから反応がありました。この様子が日本のテレビ番組で報じられると、アメリカの食品企業からJA夕張市に、夕張メロンの輸出話が持ち込まれたのです。

翌一四年、まずは東アジア諸国へ、夕張メロンの初輸出が実現したのでした。

部下を思う気持ちは「形」にして表す

三十歳で夕張市長になったとき、市職員の約九割は私より年上でした。北海道知事になったときは三十八歳で、道庁でもほとんどの幹部職員が「年上の部下」ということになります。

市長であれ、知事であれ、あるいは企業の社長であれ、**自分より年上で経験豊富な部下たち**

と信頼関係を築いていくためには、一人ひとりと真剣に向き合い、自分の思いを伝えていくしかありません。私自身は、「この政策は道民の皆さん、市民の皆さんのためになるのか」という視点でのディスカッションを日々積み重ねることで、思いを伝えています。

とはいえ、夕張市長になった当初は、年上の部下にうまく動いてもらえるような関わり方がなかなかできず、悩んだこともありました。職員側も、若輩の私が市長になったことに大きな戸惑いがあったはずです。

たとえば年収ベースで四割カットされていた市職員の給与について、私は「もとに戻します」と言ってはいましたが、それをいつまでに、どのようにやるのかについては、明確な答えがなかなか出せずにいました。

また、私が東京に行く機会が多かったことにも、市職員は少なからず疑問を持っていました。

就任当初は市長や職員に道外への出張旅費がなく、日程などの調整をする市職員もいなかった。しかし、夕張問題を解決に導くためには総務大臣の理解が必要であり、それに向けて国会議員や官僚に夕張を知ってもらうことが重要だったので、旅費がないからといって内に籠《こ》もってはいられません。当時は、自分の出張費用を捻出するために東京へ一人で講演活動などに出向くかたわら、国会を回ることが多かった。一人で背負っていたことが、逆に、何をやっているのかわからないという市職員の疑問につながってしまったことも否めません。

首長が秘書も連れず、一人でスマホ片手に何件ものアポ取りをしながら大荷物を抱えて国会などを汗だくで回るのは特異なことだったので、たまたま居合わせた新聞記者の方が見かねて手伝ってくれたこともありました。私としてはそれほど必死だったのですが、夕張に帰ってきて「こういうことをやってきましたよ」と説明しても、なかなか伝わらない部分も多くありました。


それに加えて、当時の市職員は皆、夕張の再生や市民の生活について、どうすればいいのか苦悩していました。役所はどうなってしまうのか、自分たちの待遇は改善されていくのか、自分や家族の人生はどうなってしまうのか、不安を募らせていました。仕事の問題と自分たちの生活問題が一体化しているので、「今日は職場でイヤなことがあってさ」と家族に愚痴をこぼすこともできない。不安や不満をぶつけられるのは市長の私しかおらず、軋轢《あつれき》が起こったこともありました。

一方の私も、市長になったのが三十歳と若かったので、「どうしてわかってくれないのかな」と思うことも正直に言ってありました。私が人生を懸けて市長の仕事をしていることは、皆もわかってくれていましたが、それだけに、「市長にもっと頑張ってほしい」という期待が大きかったのでしょう。私に何の期待もしていなければ、不平不満をぶつける必要はありません。皆、それだけ本気だったのです。

その後、私は夕張市議会の可決と総務省の同意を得て、職員給与の削減率を段階的に減らしていきました。財政破綻後、年収ベースで平均四〇パーセント削減されていた給与は、在任中に七パーセント削減（本来の給与の九三パーセント支給）まで戻すことができました。以前は国の管理下で残業代の上限も決められていたため、いわゆるサービス残業が多かったのですが、「これは法律上問題があります」と総務省に掛け合った結果、職員の残業代の額は跳ね上がりました。そのため職員から、

「給料が戻ったので、外食や家族サービスがたくさんできるようになったんですよ」

「誕生日プレゼントが豪華になって家族が喜んでくれました」

といった話を聞くようになりました。

一方、私の給与は七割カットのままで、こんなねぎらいの声もかけられるようになりました。

「市長の給料は私たちより低いままで、奥さんも大変ですよね」

仕事に対する適正な対価がなければ、部下は頑張れないし、気持ちの余裕も持てません。職

員の気持ちにこんな会話ができる余裕が生まれてきたことが、私には何より嬉しかった。理解されるまでには時間がかかり、その間に軋轢もありましたが、部下を思う気持ちやトップとしてのやる気は、言葉だけでなく、給与や業務改善など目に見える形で示さなければ信頼関係を築くことはできない、ということも実感させられました。

「無名の若輩者」の流儀

昔から言い尽くされていることですが、私たちが生きていくうえで、人とのつながりはとても重要です。特に、新型コロナの影響もあって人間関係が希薄になりがちな現在では、その重要性が以前にも増してきていると思います。

北海道出身ではない私のような無名の若輩者が、夕張市長を務め、知事として仕事をさせていただけるのも、多くの方々との絆があったからにほかなりません。

当たり前のことですが、私には四十一年分の人生経験しかありません。若輩者と言われても、それはどうやっても克服できるものではありません。しかし、ほかの方の力を借りることでそれを補うことができるということを実感してきました。

石原慎太郎さんには、人生における大事な決断をするときは必ず直接会って自分の思いを伝えていました。知事選に立候補するときも、「（決断してくれて）ありがとう。君たちの世代がこれから日本を背負っていく。君が大きな引き金になることを信じている」「道民の皆さんに大きな政治家として育ててもらいなさい」と、記憶に残る言葉をもらい、心が折れそうになったときにはその言葉をふと思い出し、前へと進んできました。

どんな組織でも、トップは孤独と向き合うことになります。後ろを振り返っても、誰もいない。そんな状況のなかで支えになるのは、時代を創ってきた方々の言葉です。石原さんは、私が新しい挑戦をするたびに決して否定せず、私を信じてくれました。そのような度量の大きさで背中を押してくれていたことに感謝しかありません。

菅義偉さんとの出会いは、私が夕張市長の時代に遡《さかのぼ》ります。前述したように、スマホ片手にアポ取りしながら、大荷物を抱えて国会を回っていたとき、菅さんの議員事務所を訪れたのです。不在だったため名刺だけ置いてきたのですが、折り返しの連絡をいただいたことがきっかけとなりました。

実は、菅さんは、夕張が財政再建団体になった当時の総務大臣でした。電話口で「近いうちに必ず夕張に行くから」と言われた約一カ月後の二〇一二年八月六日、視察のため本当に夕張を訪れてくれました。まだ若い市長で同じ大学の後輩だということもあって気にとめてくれていたと聞きました。

当時、自民党は野党でしたが、帰り際に「必ず夕張問題は解決する」と力強い言葉をかけてくれました。「再生計画の抜本的な見直しは不可能」と言われ続けていたなかで奔走していた私にとって、その言葉は心の支えとなりました。

その後、菅さんは官房長官となり、夕張の再生計画の抜本見直しも実現しました。菅さんから直接聞いたことはないのですが、夕張市の財政破綻は仕方のなかったことだとはいえ、財政再建団体になった夕張市を案じ続けてくれていたのだと思うと胸が熱くなりました。総理就任後も上京の際には時間を取っていただくなど、今も当時と変わらないお付き合いをさせていただいています。

若い頃、石原慎太郎さんは作家として、菅義偉さんは秋田県から単身上京して政界に身を投じ、それぞれ時代を切り拓いてきました。お二人とも、自分の道に人生を懸けて挑んでいます。

読者の皆さんにも経験があるかと思いますが、仕事上で今までになかったことに取り組むときは、大きなプレッシャーや不安を感じるものです。また、ちょっとしたことで疑心暗鬼に陥ってしまったりもします。

そんなとき、たとえ職種は違っても、新たな道を切り拓いてきた経験を持っている先達《せんだつ》からの言葉は、自分自身の心に響き、支えになります。時代によって仕事の進め方や方法は違えども、それを乗り越えてきた人の経験には共通項があるように感じます。

そうした先達と向き合ううえで大事なのは、「自分の気持ちに嘘をつかない」ことです。

さまざまな経験を積み重ねてきた人を前にしたとき、自分をよく見せようと胸を張ってしまうかもしれません。でも、私の場合はそんな余裕すらなく、とにかく「自分の人生をすべて懸けてこれを成し遂げたいんだ」という思いを伝えたい一心でした。

自分一人ではどうしても物事が動かないとき、思いを汲《く》んでくれた方からの一言や、巡り会えたご縁によって助けられたことが何度もありました。もちろん、自分自身で最大限の努力をすることは大事ですが、しっかりとその熱意を相手に伝えることも、仕事を成し遂げるうえではとても大切なことです。

私自身がこれまで多くの方々に支えられてきたのと同じように、いつの日にか私も誰かの支えになれるような存在になりたい、と思いながら仕事をしています。

■ビジュアルで課題や政策を伝える重要性

夕張市のホームページには「借金時計」が掲載されています。市債残高、つまり借金の見込み額を、デジタル時計の形で「見える化」したものです。

市長として夕張の現状を市民に伝える立場になったとき、市債状況をわかりやすく知らせたいと考えてつくりました。

他の自治体でも「借金時計」を公表しているところはありますが、その多くは、借金の増減をカウントしていくものです。一方、夕張の場合は、財政再生計画によって二〇二六年度に借金返済が完了する目標が明確に決まっているので、「返済完了まであと何日」「借金の残高はいくら」「これまでに返済した額はいくら」を、刻々とカウントダウンしていくスタイル。それが非常にわかりやすいと好評をいただき、市民だけでなく全国の人が見てくれています。

課題をビジュアル化し、皆でそれを共有し、共感を得ながら解決していくことは非常に重要なので、北海道知事になってからは道庁でも同様に、職員と議論しながら、どうすれば見える化できるのか、どうすれば道民の皆さんの共感を得られるかを考え、各部局で実施してもらっています。

道民に伝えなければいけないことはたくさんあるので、丁寧に説明しようとすると、**内容が非常に細かくなり、逆に何が言いたいのかわからなくなってしまいます。**職員との会議では、そこをどうやってそぎ落としていくか、という視点から議論しています。

読者の皆さんも感じていると思いますが、今は「ホームページをご覧ください」と言っても必ずしも見てもらえないし、多くの人は動画すら少し見ると飽きてしまうような時代です。それがいいか悪いかは別として、そういう時代になっているなかで、行政だけが変わらなくていいはずはなく、理解と共感を得るための努力が必要です。「ホームページを見ないほうが悪い」「理解しないほうが悪い」といった考え方は、もはや過去のものです。

そのため道庁では、行動心理学の知見を活かした「ナッジ理論」を行政に取り入れ、どうすれば道民の理解と共感を得られるかを研究しています。ナッジ（nudge）の直訳は、「（注意を引くために人を）肘でそっと突く」。ナッジ理論は、人々に選択の自由を残しつつ、環境を整えることで、本人や社会にとって望ましい行動をとるように、そっと後押しする手法です。この手法をアウトカム達成に結び付けるには、デザイン思考による課題設定（課題の見える化）が必要です。

たとえば新型コロナウイルス感染症などの感染予防対策の一つとして、石鹸《せっけん》による手洗いや手指消毒が有効です。ただ、人間は完璧ではないので、それが有効だとわかっていてもなかなか実行できないこともありますし、トイレ内などの壁に石鹸手洗いを呼びかけるポスターを掲示しても効果が薄いという声もよく耳にします。

道庁内でもそうした背景があったので、職員の石鹸手洗い率の向上を図るため、本庁舎内のトイレに、図3のように「石鹸を使って手洗いするだけでウイルスが減る」ということを示す

図3 ナッジを活用した石鹸手洗い促進の掲示物

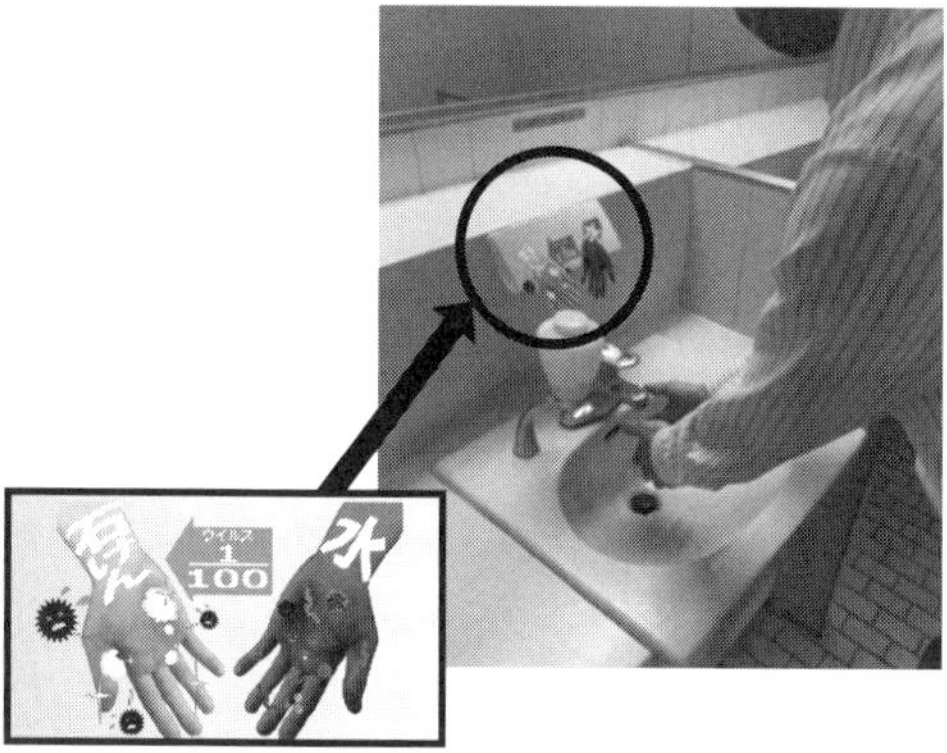

手洗い時の目線角度に合わせて立体的に掲示

掲示物を貼りました。

すると、石鹸で手を洗う職員が確実に増えました。水洗いだけの場合と石鹸洗いの場合の差がひと目でわかるようシンプルなデザインと数字を使った掲示物を、手を洗うために洗面台へ視線を落としたとき視界に入るように貼ることで、手洗い直前にメッセージを訴求することができるのです。

これはまさに、見える化の効果です。

このほかにも道庁では、道民に申請していただく書類を送るときに封筒の色を変えたり、不特定多数の人に送るものでも宛先にその人の名前を記したりすると、受け止め方がかなり違うといったことを、若い職員が大学の先生方と一緒に研究しています。

■意思決定の先に誰がいるのかを想像する

以前、財務省から依頼されて、新規採用キャリア職員の研修で講師を務めたことがあります。夕張市長二期目（通算六年目）の二〇一六年四月のことでした。

会場に集まったのは、言うまでもなく非常に優秀な方々。将来、このなかから誰か一人が財務事務次官になるわけです。その人たちを前に、夕張市が財政破綻に至った経緯、財政再建や新たなまちづくりの取り組みなどについて説明したうえで、私は次のように述べました。

「皆さんはこれから、財政政策における国の方針を決めていきます。主計局であれば、各省庁の事業を査定し、予算をつける、つけない、の採択をしていくわけです。

そのとき、ぜひ想像していただきたいことがあります。それは、自分の意思決定の先には都道府県や市町村があり、その先には都道府県民、市町村民がいる、ということです。

そこにどのような声があるのかを想像したうえでの意思決定と、想像しないまま行った意思決定とでは、同じ決定でも国民の受け止め方が違ってくるのです」

一般論に置き換えてみましょう。たとえば社内で、ある問題についてAとBの二つの意見があり、真っ二つに割れているとします。意思決定者であるあなたの判断がどちらに転んでも、「気に食わない」と思う人が半分いる状況のなかで、あなたはAを採択したとします。

あなたが社員のなかにどういう声があるのかを十分に想像していれば、B派の人たちは、「自分たちにとって不利益だが、会社全体としては正しい判断かもしれない」と、不承不承であっても受け入れてくれる確率は高くなるでしょう。なぜその判断に至ったのか説明を尽くすことによって、「自分としては望ましくない判断だが、そういう背景ならやむを得ない」と、理解してくれる人もいると思います。

逆の場合は、「あいつは何もわかってないな」で終わりです。**自分の意思決定の先にある相手を想像するか、しないかで、相手との信頼関係はまったく違ってくるのです。特に、相手に負担を強《し》いる意思決定では、その傾向が顕著です。**

たとえば、増税のように国民に負担を強いる意思決定の場合、その先にある声を想像しての決断と、そうでない決断では、国民の受け止め方がまるで違ってくる。だからこそ私は、そういうものを想像できる職員になってほしいと、財務省でお話ししたのです。

「想像しないほうがラクだし、相手の声を知らないほうが冷静な判断ができるというメリットもあります。相手のことを知れば知るほど、いろいろな感情が出てきて身動きが取れなくなり、苦しむこともあります。でも、そこはあえて想像してほしい」と、お願いしました。

第5章

理解と共感、そして協力を得る

■夕張市民の後押しで知事選に出馬

二〇一九年二月一日、私は札幌で記者会見を開き、北海道知事選への出馬を表明しました。

立候補の動機の一つは、当時の道財政が悪化していたことです。

かつてバブル経済が崩壊した際、北海道は国の大規模な景気対策に呼応した公共投資の増加にともない、道債（三十年債）を大量に発行し、その償還期限が迫っていました。

二〇一八年度の北海道の実質公債費比率（財政規模に対する借金返済の割合）は二一・一パーセントと全都道府県中最悪で、二〇二六年度には二五パーセントに迫ると予測されていました。実質公債費比率が二五パーセント以上になった自治体は、地方財政健全化法に基づいて「財政健全化団体」に指定されます。財政健全化団体とは、企業で言えば倒産予備軍のようなもの。つまり、このままでは北海道は二〇二六年度に、財政破綻一歩手前の自治体として〝イエローカード〟を出されてしまうと予想されていたのです。

そして、同じ二〇二六年度に、夕張市は借金返済を終了します。

「夕張が再生を果たしたとき、北海道の財政はいったいどうなっているのか」

私は大きな危機感を覚えました。これまで夕張の市民や市職員と一緒に財政再建と地域の再生に取り組んできた経験が北海道のために役立つのではないか——との思いが、出馬を決意する動機の一つとなったのです。

もう一つ、立候補の原動力となったのは、夕張の皆さんの後押しです。

私たちは昨日今日のお付き合いではありません。十年以上一緒に暮らし、皆で力を合わせてさまざまな活動や仕事をしてきました。その人たちを残していくのはつらい選択です。当初は夕張の人たちも「知事選に出ないで」「夕張に残ってほしい」と言いました。

ところが、各政党の候補者選びが白熱するにつれ、「鈴木は若すぎる」「まだまだ経験不足だ」といった声がメディアで頻繁に取り上げられるようになると、夕張の人たちは、「うちの鈴木をバカにするのか。若すぎるとか経験不足だとか言っているようだが、夕張でここまでやってきた奴が、そんなことを言われるのは納得いかない！」

と、逆に奮起してしまったのです。そのあと、皆さんはこう言いました。

「鈴木君は、そんなタマじゃない。知事選に出ろ。大きな政党や団体の推薦がなくても、鈴木はダメだと言われても、堂々と知事選を戦ってほしい」

年齢は私よりはるかに上の、八十代や七十代後半の方が多いのですが、私たちは「戦友」です。別れるのは本当につらい。夕張の皆さんも、「本当は残ってほしい」という思いと、「でも、知事として頑張ってほしい」という思いのはざまで揺れていて、お互いに涙を流しながらの話し合いとなりました。

私に火を付けたのは、「誰も応援してくれなくても堂々と戦え」という言葉です。

当時の私は、どの政党からも推薦の見通しが立っていませんでした。知事選では、基本的に政党の推薦の見通しが立ってから出馬表明するのが一般的でした。少なくとも、それまでの北海道知事選の歴史ではそうでした。夕張のような小さなまちと違い、五〇〇万人を超える道民に政策を訴えるわけですから、政党の推薦という足場があるほうが選挙戦を戦ううえでは有利になります。

そうしたなかにあって、政党が私を応援する形はまったくできていない状況でしたが、その言葉で逆に肚がすわりました。

「ならば、たった一人であっても立候補しよう」と。

知事選に出馬するには、夕張市長を退職してからでなければなりません。実は、夕張では次年度から市長の給与が改善され、退職金も支給されることになっていました。市長選にはおそらく対立候補も出ないだろうし、私にとっては三選出馬が最もリスクが低かったわけです。経済的なことも含めて、仕事と人生が密接に絡み合う大きな決断でしたが、

「夕張市長に立候補したときも、裸一貫、片道切符でやってきた。それと同じことをまたやるだけだ」

と肚をくくりました。

本書でも一貫して言っているように、**人生の岐路に立ったとき、どちらの道を選ぶかの責任は、自分にしか負えません。**このときも私は誰にも相談せず、自分自身で決めました。

二月一日の出馬表明会見には、たった一人で臨み、こう述べました。

「退路を断って知事選に挑戦します」

この判断しか私にはなかったのです。

選挙に際して、政党の推薦など自分を取り巻く環境が完全に整ってからでないと立候補の道は選ばないという方もいるでしょうが、私自身は、たとえ推薦がなくても自分が人生を懸けて出馬に臨むかどうかが問われていると思っていました。

人生には「ゼロか、一〇〇か」の選択をすべきときもあるのではないでしょうか。

もちろん、あえてリスクを取る人は少ないとは思います。私自身、好んでやっているわけではないのですが、なぜか逆境のほうを選んでしまうことが多いのです。

夕張の財政再建が成ったとき、北海道が潰れてしまうようなことになったら大変だ。夕張で住んで暮らして働いて、地域の再生というものがいかに困難なものかは十分に理解していましたが、茨の道だとわかっていても、北海道のために仕事をしたかった。

また、夕張市民のなかには、「夕張の財政はなんとかなりそうだが、今度は北海道が日本一の借金を抱えて困るだろう。私たちのためにも北海道のために働いてくれ」と言ってくれる方もいました。その言葉は私にとって非常に大きな力となり、「絶対にこの選挙に勝たなければいけない」という思いにさせてくれたのです。

二月末日をもって、私は二期約八年務めた夕張市長を退任しました。夕張の皆さんは、口々にこう言いながら、私を送り出してくださいました。

「堂々とやったらいいよ」

「北海道を背負って立つ人間になれ」

最終的に自民党と公明党の推薦を受けた私は、同じく新人で野党統一候補の石川知裕《いしかわともひろ》氏との一騎打ちとなり、四月に行われた選挙で一六二万票以上を獲得して当選を果たすことができました。三十八歳の知事は当時、全国最年少でした。

この選挙で私は、道の財政立て直しの「初めの一歩」として知事給与の削減を公約の一つに掲げていたので、就任後、月々の給料や賞与に当たる期末手当、退職金を三〇パーセント減らす条例改正案を道議会に提出し、可決されました。私の給与は、四七人の都道府県知事のなかでは最低水準となっています。

懸念されていた実質公債費比率は、その後、可能な限りの新規道債発行の抑制、新たな計画

図4 北海道の実質公債費比率の推移

（R元年6月試算➡R4年9月試算）

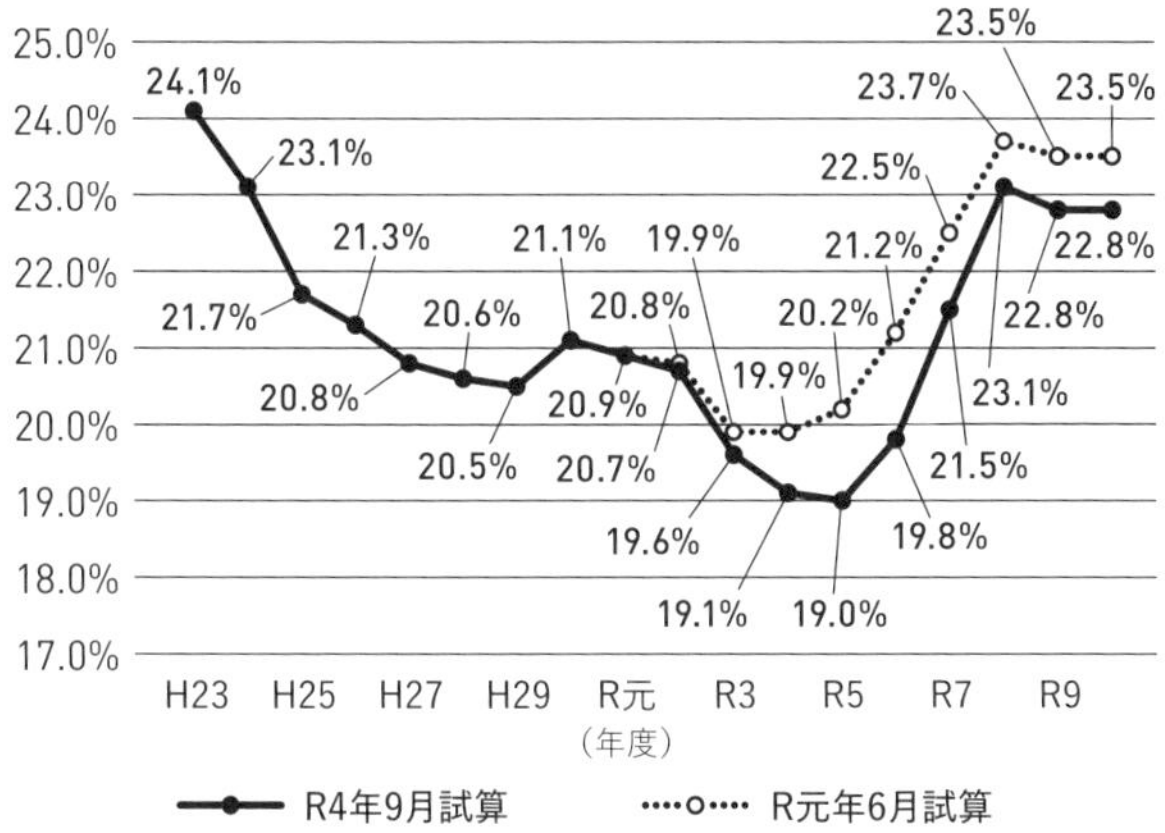

的積み戻し予算の計上（令和四〈二〇二二〉年度から）、年間を通じた経費削減等にともなう財源を活用した繰り上げ償還や減債基金へのさらなる積み戻しなどにより、着実に改善が図られています（図４）。

■ファースト・インプレッションが組織を活性化する

「あなたが最初に感じた印象は真実をとらえています。それを忘れないでください」

新しく道庁に入ってきた職員や部署を異動した職員に、私はそう言っています。

第三者のまっさらな目で新しい職場を見て感じたことを、大切にしてほしいからです。

人は、一つの職場に長くいると、どうしても感覚がどんどん鈍化していきます。新しい職場に来たとき、「このやり方はおかしい」「これは改善すべきじゃないか？」と感じても、その職場に長くいるうちに慣れてしまったり、〝できない理由〟をつけたりして、最初に持った違和感や疑問に蓋をして過ごしていくことが多いものです。

だからこそ、**最初に感じた印象を大切にしてほしい。「このやり方はおかしいと思います」「ここは変えるべきじゃないですか？」と、感じたことを臆せずに言ってもらいたい。**

やがてそのなかから、本当に職場を変える人が出てきます。職場を活性化し、ひいては組織全体を活性化するうえで、ファースト・インプレッションは非常に大事なことだと思っています。

私自身もそれを肝に銘じ、ファースト・インプレッションを大切にして仕事に向き合ってきています。

新しいリーダーには部下が意見を言いやすい

第1章で述べた通り、コロナ禍が始まった頃の道庁では、感染予防対策、緊急事態宣言、道内一斉休業ほかさまざまな判断について、副知事や道教育長など「特別職」と呼ばれる方々、各部長、感染症対策専門チームのメンバーなど、かなりの人数で毎日ディスカッションし、対策を協議していました。

当時、私は知事に就任して間もなかったため、職員は私がどのような考え方で物事を判断するのかについて「わからなさ」があったと思います。

しかし、このことが逆に幸いしました。私の判断に対して、「これは相当大きな影響が出ますね」という懸念の声、「その判断は妥当なのか」という疑問の声、「そんな前例はありません」という否定的な意見も含めて、職員から実に多くの意見が出てきたのです。

どのような組織でも、トップやリーダーが長くそのポストにいれば、「この局面では、上はこういう判断をするだろう」と部下が想像しやすいという良さがあります。一方で、それが一種の足かせとなり、部下はどうしても異論・反論・疑問・懸念を言いづらくなっていくことが多いのも事実です。

私たちの場合はその逆で、**お互いの考え方について「わからなさ」があったため、さまざまな意見が出やすくなっていました。新しくトップやリーダーになった人は、こうしたタイミングを逃すべきではありません。**

職員から反対や懸念も含めていろいろな意見を聞けたことは、私が道の「広報マン」として記者会見でのマスコミからの質問や、道民の皆さんの疑問に対してお答えするうえで非常に役立ちました。

知事としての判断の選択肢も広がり、いろいろな意見に耳を傾けたうえで、「とにかく道民の命を守る。それが経済を活性化させることにもなる」ことを基準に判断を下してきました。

個々の職員がどういう考え方で物事を判断するのかを知ったことが、新型コロナ対策以外の仕事でも大いに役立っていることは言うまでもありません。

■理解、共感、協力を得るには「伝える力」が何よりも大切

「どんなにいい政策を実施しても、道民の皆さんにその成果を伝え、知っていただかなければ、やっていないのと同じです」

道庁の職員の皆さんに、私はよくそう話しています。**一生懸命行動することは大切ですが、ただそれだけではダメ。その行動の過程や成果を一生懸命発信し、共感を得ていくことこそが、今の時代においては最も大事です。**私や職員たちにとって、道民の皆さんに向けて**どのように発信すればわかりやすいのか、どんな伝え方をすればより多くの方の理解、共感、協力を得られるかを考えることは、最も重要な仕事の一つです。**

最近は、道庁や各地の振興局（道庁の出先機関）で、新型コロナや高病原性鳥インフルエンザへの注意喚起などをTwitter、YouTubeでの短時間の動画配信でより多くの方に発信しています。時代とともに多様化する発信方法を、すぐに取り入れています。

また、第1章でも述べたように、原則週に一回行う知事の定例記者会見では、時間で切らず

に記者の質問にすべてお答えしています。できる限り多くの人たちに見ていただきたいとの思いから、YouTubeでの生配信や手話通訳も実施しています。

知事の会見はこれまで、内容の要旨をプリントしたＡ４判の紙一〜二枚を配って説明するスタイルが一般的でしたが、私は多くの方に伝わるようにパワーポイントを使って説明することにしました。

伝えたいことはたくさんあるのですが、一つの画面に、あれもこれもと情報を入れると理解していただくのが難しいので、**基本的にパワーポイントは「ワンテーマ一画面」に絞り、各画面でキーフレーズをつくる**ようにしています。一画面で一つのことを丁寧に説明し、もちろん質問も受けています。

言葉による説明で私が大切にしているのは、できるだけ短いセンテンスで伝えたい内容をまとめること。これは夕張市長選出馬の際、猪瀬直樹副知事から教わりました。

市長選への出馬を決めたあと、猪瀬副知事は私に、自らコーディネートするテレビの対談番組「東京からはじめよう」への出演の機会を与えてくださいました。

それまでテレビに出る機会などほとんどなかった私は、カメラがまわるとぎこちなくなり、猪瀬副知事との対談で自分の思いを丁寧に説明しようとすればするほど、ワンセンテンスが長くなり、結局はうまく言い表せない、という状態になってしまいました。

猪瀬副知事は何度もカメラを止めさせ、「もう一度！」と私にダメ出しをします。それでもなかなかうまくいかず収録は長時間にわたり、私はかなり落ち込んでしまったのですが、そのなかで、強く心に残った猪瀬副知事の言葉がありました。

「お前はもう役人じゃない。役人みたいな喋り方はやめろ。テレビなら十秒ワンフレーズ。短いセンテンスで思いをまとめろ」

このときの経験で、限られた時間のなかで言葉を正確に伝えることの難しさを思い知らされました。その技術を多少なりとも磨けたとするなら、それは夕張市長選挙中に街頭演説の場数を踏んだからだと思います。選挙戦最終日に応援に駆けつけてくださった猪瀬副知事は、

「演説、うまくなったな。最初はこんなふうにできなかったじゃないか」

と言ってくださいました。

よく言われることではありますが、「伝える力」を身に付けるには、やはり経験を積むことが大事。機会があれば、自ら進んでその場に立つことです。

私自身、より多くの方に自分の思いを伝えるために、いろいろな媒体を活用してその機会をつくっていくように心がけています。北海道の情報など多くの方に伝えたい内容はTwitterやFacebookを活用し、Twitterでは約一七万人の方がフォローしてくださいました。また、コロナ禍で直接会うことが難しいなか、北海道の魅力を共有するために、Instagramも活用して発

信をしています。こちらでは約七万人のフォロワーと北海道の話題で交流しています。

今の時代だからこそできるこうした新しい取り組みも、思いを伝える機会として大切にしたいと思っています。

ピンチをチャンスに！

「観光」と「食」は北海道のリーディング産業です。

毎年五〇〇〇万人以上の観光客が国内外から訪れ、二〇二〇年一月には道内七空港の一括民間委託がスタート。インバウンド需要に対応するため、新千歳以外の空港にも国際線を呼び込み、ターミナルビルやホテルを新設する計画も動き出していました。

ところが、二〇二〇年初めからの新型コロナウイルス感染症の世界的流行により、インバウンド需要はほぼ消失。二〇二〇年四〜六月期の観光宿泊客数は、前年同期比八六・八パーセント減の六一万人に落ち込み、道内の関連業者は未曽有の危機的状況に陥りました。

道民のために、また、北海道旅行を楽しみにしている多くの国民のために、どうすればこの状況を打開できるのか――。その思いを原動力として、道庁の職員と協議を重ねた末に打ち出した対策が「どうみん割」でした。道民の道内旅行を対象に、日帰りや宿泊の旅行スタイルに応じて旅行代金の一定額を割り引く北海道独自の制度です。その後、同種の割引制度が各都府県で行われるようになりましたが、当時は先進的な試みでした。

北海道の観光シーズンが始まる七月に照準を合わせ、二〇二〇年七月一日から「どうみん割」を開始したところ、それまで観光客の姿がほとんど見られなかった観光スポットやリゾート施設に賑《にぎ》わいが戻りました。その後、国の「ＧｏＴｏトラベル」が始まったこともあり、二〇二〇年七～九月期の観光宿泊客数は二五七万人（四～六月期の四倍以上）となり、減少幅をかなり縮小させることができたのです。

北海道は、風光明媚《ふうこうめいび》な観光スポットや温泉、地元の食材を活かした飲食店、さまざまな体験メニューを楽しめるアウトドアなど観光資源に事欠きません。そして、とにかく広い。もともと道内の観光に占める道民の割合は非常に高く、八〇パーセント以上ありましたが、道民の皆さんでもまだ行ったことのない観光地がたくさんあり、道外からの観光が一気に冷え込んだときに、道民の皆さんが北海道の観光を支えていることが強みとなります。こうした北海道ならではの事情と、「どうみん割」は二五五万人が利用、道民の二人に一人が利用した計算になるなどうまくかみ合いました。

さらに、公共交通機関での移動への助成、感染防止対策実施飲食店で利用できるクーポンの発行、「どうみん割」に付いている割引クーポンとの連動により、移動・飲食・宿泊・買い物に関わる業界に支援を届けました。**単体で政策を打つのではなく、いくつもの施策を連動させ**

て相乗効果を上げていくことが、政策を展開するうえではとても大事になります。

ほかに、全国の多くの学校がコロナ禍で残念ながら修学旅行の延期または中止を余儀なくされているという状況があったので、道庁では、修学旅行やスキー実習などの教育旅行の誘致策も積極展開しました。

道内外の学校が北海道内で行う教育旅行に対して、通常一クラスで一台使用する貸し切りバスを二台に増やす、一部屋当たりの宿泊人数を減らすといった「三密」を避けるための費用の一部を道が支援する制度で、二〇二〇、二一年度で総計四〇〇〇件以上、約二〇億円の支援を行いました。

道の費用負担は大きいのですが、ここにお金を投入することによって、児童・生徒たちは笑顔になり、かけがえのない修学旅行の思い出をつくることができます。保護者の方々は安心して子どもたちを送り出せますし、厳しい状況にあるバス会社やホテルに支援が届きます。道としても、「子どもたちのための施策をいち早く打ち出してくれた」と受け止めていただければ嬉しい。修学旅行が学校でのいちばんの思い出となっている方も多いことでしょう。「コロナ禍で大変な思いをした子どもたちに、なんとか少しでも安心して思い出を残せるような支援ができないだろうか」という気持ちから、**皆がハッピーになれるはずと信じて、思い切った決断**

をしました。

逆境にあっても、いいえ、逆境にあるからこそ、自分たちの強みをさらに伸ばしていく行動力が必要です。

「やらなきゃゼロ」

行動を起こさなければ何も始まりません。

■時代の変化を見据え、課題をむしろプラスに変えていく

二〇二一年の一年間に、首都圏から北海道へ本社・本社機能を移転した企業は三三社もあり、北海道は前年のランク圏外から一気に全国三位に躍り出ました（帝国データバンク調べ）。一位は大阪府（前年から一四社増の四六社）、二位は茨城県（前年から七社増の三七社）ですが、北海道は前年の七社から二六社増となり、増加数は全国第一位です。

以前から北海道は企業進出についてポテンシャルがあると言われてきましたが、東京から遠いことがネックになり、首都圏企業の進出がなかなか難しい状況にありました。

しかし、コロナ禍によって首都圏一極集中の事業リスクが顕在化し、リモートワークも定着。オフィスコストのかかる都心で本社を維持するメリットは薄れ、首都圏に住まなくても仕事ができるようになり、遠隔地や人口密度の低い地方への関心は非常に高まっています。

広域分散型の地域構造である北海道は、コロナ禍というピンチを、企業進出・地元の雇用拡大・税収増・地域の活性化というチャンスに変える力を持っているのです。本社移転数が前年の五倍近い三三社となったことは、これまで道庁や道内の市町村が推し進めてきた企業誘致と、実際の需要とがかみ合ったことを示す一つの数値ではないかと思います。

また、これまで北海道では企業の本社移転というと札幌市が多かったのですが、食品製造などを手掛ける株式会社ルピシアが本社を東京の代官山からニセコ町に移転するなど、近年は地方への注目も高まっています。**時代の流れや人々の意識の変化によって、それまで弱みとされてきたものが大きな強みになることがあります。その変化を見逃してはならないでしょう。**

夕張市長時代に企業誘致に奔走し成功させた自身の経験も活かしつつ、道庁の職員たちとともに、より積極的な企業誘致策を展開していこうと知恵を絞っています。

旧来の枠組みにとらわれない――公務員の復職制度

近年、道の職員採用をめぐる状況は厳しさを増しています。特に保健師や看護師、獣医師など資格を必要とする専門職では、十分な職員数を確保できていない状況です。

保健師や看護師は産業保健分野でのニーズも高く、引く手あまた。「酪農・畜産王国」の北海道では、家畜の健康維持や伝染病予防などに従事する獣医師の需要が非常に高い。一方、公務員の給与は専門職であってもそう高くはできないので、人材確保の競争力は、民間企業に比べてどうしても低くなってしまいます。

この苦境を乗り切るために、道庁では二〇二一年度から、退職した元職員を再度職員として採用する「ジョブ・リターン制度」を導入しました。復職後の待遇は辞める前と変わらず、復職者にとって決して不利にはならないシステムです。

発端はコロナ禍です。もともと道庁では保健師や看護師が不足していたなか、従来の仕事に加えて感染拡大防止の最前線を担ってもらうことになり、人材確保はいっそう厳しくなりました。夕張市長時代に多くの職員が辞めて大変な思いをした私には、現場がどれほど混乱していることかが、痛いほどわかりました。

なんとか人材を確保できないか——保健福祉部や道立病院局などの関係部署と話し合うと、子育てや介護などで辞めた職員がかなりいるので、その方々に連絡して一時的な復職をお願いしているとのこと。そこで私は提案しました。

「個別に打診するのではなく、復職希望の元職員を公募したらどうでしょう」

離職した職員が多いということは、それだけ潜在力があるということです。多くの民間企業は復職制度を導入して潜在力を活用していますが、公務員にはその道筋がありません。「ならば、発想を変えればいい。役所も民間企業のいいところはどんどん取り入れるべきだ。道庁が自ら変わっていかなければいけない」と考えました。

現職時代に道民のために一生懸命働いてくれた方々のなかには、子育てや介護が一段落して仕事を再開したいと思っている人も多いはず。道庁に戻ってきてもらえる制度をつくれば、復職を望む方々にとっても、道政の運営にとってもプラスになります。

何より、復職によって人員が増えることは、道民の皆さんの命と健康を守ることにつながります。子育てや介護などで積んだ経験を復職後に活かしてもらえば、その方面でもお役に立てるはずです。

それまでの発想にとらわれなければ、何かしら解決の糸口が見つかり、それが皆にとって良い結果をもたらすということは、少なくないと思います。

募集の詳細や復職者の受け入れ態勢の整備などは、関連部署の職員が一生懸命考えてくれました。私からは「選考は筆記試験なしでやってください」とお願いしました。

通常の職員選考には教養試験や専門試験がありますが、やはり一番のネックは「今の生活のなかで、試験勉強をする時間がとれるだろうか」ということではないでしょうか。その不安が無くなるだけでも復職へのハードルはかなり下がるのではないかと思います。各人の知識・経験・能力は、在職時の人事評価を見れば把握できると考えました。

こうして誕生したのがジョブ・リターン制度です。対象は「過去に道職員として一定期間の勤務経験があり、結婚・出産・育児・介護などの事情でやむを得ず自己都合退職した方」で、選考方法は面接試験のみとなっています。

二〇二一年度は保健師、看護師、獣医師などの資格職を募集し、保健師一名、獣医師一名に復職してもらいました。これまで培ってきた豊富な経験を活かして地域の保健指導や食肉衛生検査所での試験・検査に従事し、若手職員の人材育成にも貢献しています。

二〇二二年度にも看護師、薬剤師、保育士などについて採用選考を行いました。また二〇二三年度からはさらに、社会福祉、農業、林業、総合土木、建築、普及職員（農業）などに職種を拡大します。人数的にはまだ小さな動きですが、道民の生活を守るため、今後も多様で有為な人材の確保につながる取り組みを職員とともに考えていきたいと思っています。

■新しい公務員の働き方を発信

北海道には一四の総合振興局と振興局があり、それぞれの地域を管轄しています。その一つ、日高振興局が二〇二二年度から始めた「ナナイロひだかサポーター制度」は、地域・社会貢献活動として、地域の基幹産業における副業を後押しする道としては初めての試みです。

日高管内では一次産業を中心に人手不足が著しく、農協や漁協から、「週一回でも振興局の職員が農作業や水産加工の手伝いに来てくれると助かる」「初心者にもできる簡単な作業を職員に任せれば、他の作業に集中できる」といった声が寄せられていました。高齢化に加えて、それまで頼りにしていた外国人技能実習生がコロナ禍によって来られなくなったことも、人手不足を深刻化させる要因の一つになっていました。

国家公務員や地方公務員の副業については、二〇一九年春に国が許可する方針を打ち出しています。日高振興局は職員の兼業推進に乗り出し、知事である私への政策提案と説明、制度の内容の検討などを経て、「ナナイロひだかサポーター制度」はスタートしました。

この制度は、希望する職員を「ナナイロひだかサポーター」に任命して、地域の求人情報を提供し、就業を希望する場合には、「社会貢献活動への参加に係る営利企業従事許可について」という道の通知に基づき「兼業」を許可するシステムです。兼業は道職員としての勤務時間外に週八時間以下で行い、報酬は「社会通念上相当な範囲」としています。公務員の副業の先行事例はいくつかの地方自治体にありますが、まだまだ珍しい。

この制度による兼業第一号は、浦河町《うらかわ》にあるイチゴ農家のハウス内でのイチゴの収穫。二〇二二年七月から十一月まで、日高振興局地域政策課の若手職員男女二名が定期的に就労しました。

七月六日の初日には、朝五時半から約二時間、町特産の夏イチゴ「すずあかね」の収穫作業に従事。収穫に適したイチゴのサイズや色合いを教わったあと、一粒ずつ丁寧に摘み取って約三キログラムを収穫しました。農家の方は、「七月は冬イチゴの苗づくりをしなければならないので、本当に助かる」と言ってくださいました。

「ナナイロひだかサポーター制度」は、北海道最大の組織である道庁の人材に地域でさらに活躍してもらうという、道庁そのものの挑戦であり改革です。公務員の地域貢献になるだけでなく、この制度によって地域と道がより強くつながり、新しい発想が生まれることで、道民の生活にとって大きなプラスになることが期待されています。

二〇二二年十二月現在、日高振興局の職員八三名がサポーターに任命されています。

道としては、日高管内での成果と課題を検証したうえで、全道の振興局にこの制度を横展開していきたいと考えています。

■一万六五〇〇台の公用スマホ配布で仕事を効率化

道庁では、デジタル化による業務の効率化や省力化を図る「Ｓｍａｒｔ《スマート》道庁」の取り組みを推進しています。

二〇二二年四月には、警察や高校の教員などを除くすべての職員に、計一万六五〇〇台の公用スマートフォンを配布しました。「隗《かい》より始めよ」で、道庁からデジタル化に取り組むことで道民の皆さんがより便利になるはず、という発想です。都道府県単位としては日本初の取り組みで、配布台数も国内最大規模です。公用スマホでテザリング（連結）すれば、介護や子育て中の職員も自宅で仕事ができます。

ノートPCも、軽くてコンパクトで持ち運びやすいものに替えました。農家に出向いて作物の種類や病気などについて説明するとき、分厚い本や資料を持参しなくてもノートPCなどで見せることができ、撮影した映像を職員全員ですぐ共有することもできます。実際、道内で高病原性鳥インフルエンザが発生したとき、全職員が現場の状況をすぐに知ることができました。

公用スマホを配布するまでは、職員が個人の携帯電話で連絡を取り合うことが多かったのですが、それではセキュリティ上危険です。また災害が起きたとき、公務員はすぐに避難所に駆けつけ、さまざまな対策に取り組まなければなりません。**職員が情報を共有しながら機動的に対応する**ためにも、公用スマホは必要です。

導入してしばらくしてから、「メッセージ機能があれば、もっと連絡が早くできるようになるのに」との声がありました。そうした声を反映してセキュリティの高いDo CHATという庁内専用のビジネスチャットシステムを入れるなど、仕事の効率化が進むように改良しています。また、ハード面だけでなく、ソフト面でも「デジタル人材」を育成するための計画をつくりました。新しいものを導入するとともに、それを使う人がしっかりと育つことが大切です。

さらに、さまざまな情報発信を通じて、道内市町村との連携にもつながると考えています。広大な北海道には市町村が一七九もあります。これは、日本全体の市町村数の約一割に当たります。歴代の道知事のなかで唯一の市長出身である私には、基礎自治体との連携を強化し、さまざまな政策や課題に手を携えて取り組んでいきたい、という思いが強くあります。

新型コロナ対策にしても、次章で述べるカーボンニュートラルの取り組みにしても、市町村の協力がなければ進められません。知事がいくら「やります」と言っても「笛吹けども踊らず」にならないよう、公用スマホでさまざまな施策や方針を発信し、市町村としっかり連携しながら道民の皆さんのために働かなくてはいけない。職員にも、それを意識してくださいとお願いしています。

雑談ミーティングの効用

「官房長官時代には、何もなくても安倍総理と会うようにしていた。お互いにものすごく忙しかったが、特に話すべきことがなくても会うことが大事だ」

以前、菅義偉さんからお聞きした話です。そのときは「そういうものかな」とあまり深く考えなかったのですが、知事になってこの話の重要性を感じるようになりました。

正式な会議では言いにくいことも、雑談のなかでなら言いやすい。直接顔を合わせれば、相手の健康状態や、何か困り事があるのかも、ある程度は把握できます。

私は二週間に一回程度、三名の副知事ら特別職とミーティングをしています。そこで何か協議するわけではなく、「昨日、こんなことがありましたよ」などと雑談するのです。

特別職が所管する権限は非常に大きく、副知事は仕事の担当がそれぞれ違います。新型コロナ対策のように知事と特別職が一堂に会して一つのミッションに取り組む場合もありますが、普段は必要に応じてその都度連絡を取り合う以外、多忙な副知事同士が皆で集まって話をする機会は多くありません。特別職から個別に「知事に話したいことがある」と申し出があれば、もちろん一対一で話をしますが、後ろを振り返ると知事しかいないような環境では、雑談の場を私がつくるべきだと思いました。そうすれば、少なくとも皆さんがどのような懸案を持っているか確認でき、課題の早期発見につながります。

特別職は非常に多忙ですが、皆さん時間をつくって、この「雑談ミーティング」に出席してくれています。**忙しい人ほど、時間をつくるのがうまい**のです。

企業の場合でも、雑談ミーティングにはさまざまなメリットがあると思います。

たとえば、職場に起こりがちな「疑心暗鬼」を防ぐことができます。

人間は不思議なもので、直接顔を合わせることが少ないと疑心暗鬼になり、「例のプロジェクト、部長は乗り気ではないらしいよ」といった噂が職場で囁《ささや》かれたりするようになる。でも、部長に「本当ですか?」とは訊きにくい。**上司とざっくばらんに雑談できる機会があれ**

ば、**普段は訊きにくいことや言いにくい話もできる**のではないでしょうか。

また、相手の心情を確認しやすいというメリットもあります。

今はオンライン会議が日常化していますが、自分の話にどこまで集中してくれているか、何か言いたいことがあるのではないか、といったことはなかなかわかりにくい。それに比べて、**直接会って得られる情報量は豊富**です。人の気持ちは、ちょっとした動作や表情に出るので、別に心理学を学んでいなくても、面と向かって話せばある程度わかります。「何か引っかかるな」と感じる人がいれば、そのあと一対一で話をすることもできます。

ざっくばらんな雑談のなかでは、時として感情的な言葉も出てくるかもしれませんが、**正規の会議ではできない〝リアルな生の声〟のぶつけ合いから連帯感が生まれ、仕事を進めていくうえで大きな力になる**こともあるのです。

「雑談ミーティング」は古臭くて非効率的なやり方かもしれませんが、**いろいろなことが効率化され、人と人とが直接会わなくても仕事ができるようになっている時代だからこそ、アナログ的な会話の場は貴重だと思っています。**

雑談とはいえ、私はどうしても頭が仕事のことに寄っていってしまい、「このあいだ会議で出た課題はその後どうなっていますか？」と訊いてみたり、「そういえば、この話はあの問題とつながるかな」と思ったりするのですが、それがきっかけになって仕事が動いていく、という面もあります。

▓ 職員と目線が合うまで徹底的に議論を尽くす

私は、少しでも疑問があると徹底的に議論するタイプです。

普通なら短時間で終わるはずの報告案件でも、道民の目線で「これはどういうこと？」と思うようなことはすぐに解決しておきたいので、ものすごく時間がかかってしまうこともあります。「神は細部に宿る」と思っているので、**自分なりに気付いたことは小さなことであっても、嫌がられるのを恐れずに疑問を呈する**ようにしています。

また、ある課題について「Ａの方向で取り組んでいきます」と報告された場合には、たいてい「Ｂの方向性はどうなの？　Ｃはどうなの？」と、別の方向性について説明を求めます。私が初めて説明を聞いて思いつくようなことは、職員のほうでも考えてくれているので、「ＢやＣにはこういう問題があるのでＡが妥当です」と説明してくれます。

私はさらに、「じゃあ、Ｄの方向性はどうなの？」と訊きます。もちろん、急を要する案件もあるのでそこは把握したうえでのことですが、**別の方向性も検討したかどうかをトップが確認しなくなると、組織内に緊張感がなくなってしまう**気がします。

こうした考えに基づき、役所にとって非常に大きな仕事である予算編成に取り組む際、新たに「政策ミーティング」と「政策ディスカッション」を設けました。

それまでの予算編成は「知事査定」のみの一段階で行われていましたが、コロナ禍によって社会が大きく変化している状況下では、各部局の職員と知事である私が、より緊密に議論し、予算をつくっていく必要があると痛感したからです。

二〇二二年度の予算編成では、まず二〇二一年八月に政策ミーティングを実施し、各部署の考えと私の考えを大括《おおぐく》りで共有しました。同年十一月に実施した政策ディスカッションでは、個別テーマを決めて各部署の担当と議論。そのあと知事査定を行うという三段階を経て、予算をつくっていきました。さまざまな議論に半年をかけました。

トップの鶴の一声で「これがいい、悪い」と決めるのも時には大事ですが、各部局が時間をかけて真剣にそれぞれの課題に向き合うことは、それ以上に大事だと思います。

北海道庁の知事部局には約一万二〇〇〇人の職員がおり、知事とディスカッションしたこともないまま退職する職員も、かなりいたことでしょう。私には、職員の皆さんの考え方を聞いたうえで、自分の考え方と目線をしっかり合わせながら予算をつくっていきたい、という強い思いがあります。新たに政策ミーティングと政策ディスカッションを設けたのには、こうした思いも込められています。

それぞれの担当の仕事のほかに新型コロナ対策とも日々懸命に向き合い、忙殺されるなかで予算づくりに努力してくれている職員の皆さんに、心から感謝しています。

■実務にいちばん詳しい係長クラスから話を聞くことも重要

道庁の予算編成では、場合によっては実務にいちばん詳しい係長クラスから話を聞くこともあります。

知事に予算の方向性を説明する各部局の部長（決定責任者）に加えて、**実務に明るい係長クラスの皆さんとも実情を確認し、話し合うことで、「知事はこういう考え方を持って仕事をしようとしている」と理解してもらえば、トップの意思が現場全体に伝わりやすい**と思っているからです。

私自身も都庁時代に実務作業をする立場だったので、同じような立場の方々の声を聞きたいという気持ちもありました。各部長から説明される原稿を一生懸命つくった方々から、「**実は、紙には書いていないけれど、こういう課題もあります」といった現場の声を聞くのは大事なポイント**です。

この発想の根底にあったのは、道知事になった直後のファースト・インプレッションです。

夕張市長時代には、市職員の総数が百四十数人、一般行政職は七十数人と少なかったので、職員皆と頻繁にディスカッションすることができました。しかし、道庁の職員数は桁が違います。私が知事に就任した二〇一九年の職員総数は六万人以上、知事部局は約一万二〇〇〇人いました。市役所と道庁では規模が違って当然とはいえ、私は大きな戸惑いを覚え、「現場で実務を担っている人たちの生の声をできる限り聞かなければいけない。知事がその場をつくっていかなければ」と思ったのです。

政策ミーティングや政策ディスカッションでは、実務担当の方々も交え、かなり細かい部分まで議論して方向性を共有することができ、知事として非常に助かっています。

■仕事は「人」で成り立っている

職員から説明を受けるとき、私はとにかく最後まで話を聞くよう心掛けています。

私はせっかちなので、説明の途中で気になることが出てくると、つい質問したくなるのですが、説明の最後にその話が出てくるかもしれません。**説明の途中で口を挟むのは効率的ではないので、最後まで話を聞いたうえで、「この点についてはどう考えていますか?」と疑問に思うことを訊き、問題点があれば指摘しています。**

また、ある課題について判断を求められたり、相談を受けたりしたときは、できるだけその場で答えを出すようにしています。もともと「来週また集まってもう一度話しましょう」というスタイルは好きではなく、「来週になって何が変わるの?」と思ってしまいます。

今ある材料のなかで今の判断をして、もし来週になって新しい情報が入ったり状況が変わったりしたら、それは来週また考えればいい。そうしないと仕事はどんどん積み重なっていき、結局は職員に迷惑をかけ、自分自身も苦労することになってしまいます。

判断や決定をするうえで最も大切にしているポイントは、言うまでもなく、道民の皆さんの生活にどのような影響を与えるか、ということです。

もちろん、職員の皆さんもそこは十分に理解してくれていますが、現状を変えて新たな挑戦をしていく判断の場合、「知事の言っていることもわかるが、これはきついな」と思うこともあるでしょう。私も都庁の職員でしたので、それはよくわかります。しかし、そこであえて実現しようとチャレンジすれば、新しいアイデアが生まれてくると思うのです。

企業経営にも言えると思いますが、上司と部下が慎重路線でお互いに寄りかかっていると、発想力はどんどん縮小していき、新しいアイデアが出てこなくなってしまいます。

厳しい要求をすることもあるので職員は大変だと思いますが、道民の皆さんのため、ともに働いてくれた職員たちへ一年間の感謝を伝えるため、年末には本庁の全職場をまわり、職員の皆さんに挨拶しています。日頃お世話になっている警備や清掃のスタッフの方々にも会いに行き、感謝の気持ちを伝えています。

道庁は北海道最大規模の組織で、警察・消防・教育などを除いても職員数は一万人規模。当然ながら本庁舎は巨大な建物なので、庁舎内のすべてを挨拶に回ると丸一日かかりますが、年に一度くらいは職員の皆さんと直《じか》に顔を合わせて謝意を伝えたい。

仕事は「人」で成り立っている、ということを忘れてはいけません。

「賛成のバイアス」を壊せるのはトップだけ

二〇二二年夏、北方領土の元島民や子孫の方々が船上からご先祖を供養する「洋上慰霊」が行われました。

コロナ禍やロシアによるウクライナ侵略の影響により、宿泊をともなう「北方墓参」や「自由訪問」（いわゆるビザなし訪問）などの北方四島交流等事業は、当分の間、見送らざるを得なくなっています。

こうした状況のなか、元島民の方々の「せめて四島《しま》の近くで慰霊したい」という切実な思いに応えるため、千島歯舞諸島居住者連盟《ちしまはぼまい》（千島連盟）と道が話し合い、専用船「えとぴりか」をできるだけ四島に近づけて洋上慰霊を行うこととなったのです。千島連盟と道が連携しての洋上慰霊は初めての試みでした。

この洋上慰霊は、七月から八月にかけて歯舞群島コースと国後島《くなしりとう》コースで全一〇回行われ、私も初回の七月二十三日に参加させていただきました。計二九九名の参加者は、船上から故郷の島に思いを馳せ、献花台を囲んで手を合わせてご先祖を偲《しの》びました——。

ところで、この洋上慰霊の際、専用船「えとぴりか」には看護師や保健師の方々も同乗していました。当初は同乗しない方向で話が決まっていたのですが、私が異を唱え、道から看護師や保健師を出すことになったのです。

元島民の方々の平均年齢は八十六・七歳です（二〇二二年現在）。私は夕張で八十代半ばの市民ともよくお付き合いをするなかで、杖《つえ》をついたり、車椅子だったり、基礎疾患があったりして、普通に生活するだけでも大変なことを目の当たりにしていました。

ましてや、洋上慰霊は高齢の方々にとって身体的に大きな負担となります。不安定な船の上では何が起こるかわからない。手を合わせた拍子に転倒して骨折すれば、寝たきりになってしまうかもしれないし、船に揺られているうちに具合が悪くなるかもしれません。

宿泊をともなう従来の慰霊には医師や看護師も随行しているのですが、洋上慰霊についての意思決定がボトムアップされていく過程で、「三時間程度の日帰りなので、何かあってもすぐに戻れるから医療従事者は要らない」という意思決定が出来上がり、皆、それでいいのだと思い込んでいました。いわば「賛成のバイアス」がかかってしまっていたのです。

このような場合、誰かが問題点を指摘しないと気付いてもらえません。私は担当者に、

「参加者の多くはご高齢で健康上の不安があります。医師は無理だとしても、看護師さんや保健師さんに同船してもらってください」

と、お願いしました。高齢の家族が不安定な船上で何時間か過ごすことになったら……と自分事として考えれば、誰でもそう言うと思います。

これはあくまでも一つの例で、どのような組織でも**意思決定をボトムアップでどんどん上げていくうちに、「賛成のバイアス」がかかってガチガチに固まってしまい、引き返せなくなることは往々にしてあります。**

その過程で誰かが「それはちょっとおかしいのでは?」と疑問を呈することができればいいのですが、かなり勇気が要ることなので、言い出すのはなかなか難しい。

となれば、「賛成のバイアス」を壊せるのはトップだけ、ということになります。

もちろん、誰が見ても正しい意思決定なら壊す必要などありませんが、**何かしら疑問を感じたときには、トップ自らが「それで本当に大丈夫なの?」と確認することが、**重要です。

■来訪者への応対は、前回会ったときの情景を語れることが大事

知事になって改めて感じたのは、道庁の職員が優秀で、仕事に懸命に取り組んでいることで

す。おかげで、知事就任当初に必要だと感じた道庁内の体制は、おおむね整えることができました。

たとえば、面会録のシステム化です。私と面会するために道庁にいらっしゃるお客様について、過去の面会歴――いつ、どこで、どういうお話をしたのかなどの記録を、秘書課にお願いしてシステム化してもらいました。組織外の人とのコミュニケーションを円滑化するうえで、とても大事なことだからです。

仮に、二年ぶりに私に会いに来てくださったお客様がいるとします。そのとき、前回お会いしたときの情景を語れることが大事だと私は思っています。

ただ「お久しぶりです」とだけ言われるのと、「前回は八月四日にお会いして、こういうお話をしましたね。あの日は暑かったですね」と言われるのとでは、お客様の受ける印象はかなり違いますし、話のきっかけもつかみやすくなります。

面会録をシステム化すれば、そういうことが可能になり、特に一対一や少人数でお会いするときに有効だということを、秘書課の職員に説明したうえでお願いしました。秘書課はそのぶん業務量が増えるので心苦しかったのですが、知事は日々多くの方と面会するのでシステム化しないと確かに混乱するだろうと職員たちが頑張ってくれました。

道民の皆さんの財産である職員が、こうして頑張っている姿を発信していくのも、行政の大事な仕事です。「頑張っているね」という言葉を力に変え、より価値ある存在として道庁を認めていただけるよう、前進していきたいと思っています。

■立ち話でも困り事を聞き、すぐにフォローアップする

夕張市長時代の私は、「夕張のためにこういうことをやってください、ああいうことをしてほしい」と、何度も道庁にお願いに行っていました。

と言っても、道庁は巨大な組織なので、そうたびたび知事に会えるわけではありません。夕張と札幌を往復する時間的余裕もなかったので、ほとんどは振興局に出向き、そこにいる振興局長に陳情していました。振興局は、道内の各地域にある道庁の出先機関です。

自分自身が陳情をしたとき「こういう対応をしてほしかったな」と感じたことを、知事になってから実行しました。

たとえば、市町村長が道庁にいらしたときは、**たとえ会議中でもあっても、短時間ではありますが、顔を合わせて話をするよう心掛けています。たとえ立ち話でも、その話のなかには、各市町村の困り事、道庁への頼み事などがあります。**

そうした情報を、すぐに私は当該市町村を所管する振興局の局長と共有します。知事に話したことが地域の出先機関にまで伝わることが大事だからです。振興局長から、

「知事とこういうお話をされたのですね。しっかりやっていきます」
と言われれば、先方は「ちゃんとフォローアップされているな」とわかって安心します。
本来は、言わなくてもわかってもらえるようでなければいけないのでしょうが、人間、言葉で伝えないとわかってもらえない部分もあります。小さなことかもしれませんが、こうしたことを積み重ねていくなかで、お互いの信頼関係を築いていけると思っています。

▒相手の話をとことん聞き、共感を伝える

私は知事になって以来、さまざまな分野で活躍されている方の仕事場に伺い、その取り組みや思いなどを聞かせていただく「なおみちカフェ」と、市町村長の皆さんや地域の活性化に取り組んでいる方々と意見交換し、道政に活かしていく「スクラムトーク」を続け、その様子をSNSなどで発信しています。これらは、夕張市長時代に行っていた「市長と話そう会」や「市長とのふれあいトーク」の流れを汲むものです。

人と人とが相互理解を深め、信頼関係を築いていくうえで重要なのは、相手の話をとことん聞き、共感できるところはその気持ちをしっかり伝えることです。

道民の皆さんは、ご自分の仕事や地域での活動を知事に話したい、という思いを強くお持ちです。そのお話を深く聞いていくと、本当に皆さん、道のため、地域のために素晴らしいこと

をされていて、感謝の念でいっぱいになります。道民の代表として、その気持ちをお伝えすることは、とても大事なことです。

道民の皆さんとの直接的な触れ合いは、地方自治の原点であり、「地域とともに考え、行動する道政」を支える知恵の源です。厳しいご意見をいただくこともありますが、皆さんが抱いている疑問や不満に対して、問題の背景や現状などを説明するのは、知事である私の責任。**会話のキャッチボールから「では、これからどうしていけばいいのか」という発展的な話ができるようになっていく**のです。

■財政再生団体の市長として得た経験を糧に

夕張市長時代、休日になると私の家には市民の方々が、「しばらく顔を見ないけど元気？」「山菜が採れたからあげる」などと、頻繁に訪ねて来てくださいました。

家に帰ると玄関のドアノブに野菜がぶら下げられていることもしばしば。私の家では家庭菜園をしていたので、野菜を物々交換したり、育てたイチゴがシカに全部食べられてしまったときに愚痴を言い合ったりできるご近所付き合いが、いつも日常にありました。

出張費などは自費でやりくりしていたので、家計を回すのは大変でしたが、ご近所仲間との交流もあって、ありがたいことに食卓は野菜でいっぱい。たまに皆で一緒にスーパー銭湯へ行くこともあり、私にとってはそれがいちばんのリフレッシュでした。

知事になってからは、道民の方々とこのように密接なお付き合いをすることは残念ながら難しくなりましたが、就任直後に、知事公邸のすぐ近くにあった銭湯を利用したことがありました。知事公邸のお風呂が壊れてしまったからです。

風呂だけでなくトイレも故障し、私は近所のコンビニへトイレを借りに行くはめに。記者会見でその話をしたら、記者の方がびっくり仰天していました。

知事公邸は道民の税金でまかなわれています。風呂とトイレを直すには約一七〇〇万円かかり、また警備費と除雪にも年間で一二〇〇万円かかると聞き、すぐに公邸を出ることにしました。

私は自分のお金にはわりと無頓着ですが、「税金＝道民の皆さんの大事なお金」という意識が染みついているので、なんとかやりくりして節約しなければ、という気持ちになります。

都庁時代に経理の仕事をし、財政破綻した夕張で悪戦苦闘してきたためだと思います。市長時代には、市役所では家で倹約するのと同じく、封筒を再利用したり、紙ファイルはラベルを張り替えて何度も使ったり……。さまざまに工夫を凝らして、皆で税金を大切に活用しようという意識が常にありました。

災害時の対応を考えると、知事の住居は道庁のそばにあるほうがいいので、道庁近くの賃貸マンションを「借り上げ公宅」にしました。そのほうが断然安上がりです。

Twitterで「公邸を出ます」と発信すると、「歴代の知事は公邸に住んでいたのに」と批判的なご意見も寄せられました。確かに伝統や歴史を守っていくのは大事ですが、私が公邸を出れば年間で千数百万円の税金が浮くうえ、公邸周辺の広い土地を有効活用できます。どう考えても、そのほうが道政にとってメリットがあると判断したのでした。

こうした感覚は夕張市長時代に培われました。歴代道知事のなかで、市町村長の経験者は私だけです。しかも財政再生団体の市長を経験してきたのですから、そこで培ってきたものは大切にしたい。**夕張で市職員や市民の方々と顔を突き合わせてまちの将来について議論を重ねた経験、現場の温度感、疑問のある公費の使途について「いかがなものか」と声を上げる金銭感覚といったものは、知事としても大切だからです。**

前職で蓄積した経験や感覚を見失わないようにしながら、市長時代と比べて道民の皆さんと直接触れ合う機会が少なくなっていることを自覚して、「道民に信頼される道政」に取り組んでいくことが大事です。

知事として道政運営で決裁する金額は以前とは比べものになりませんが、どんなときも夕張市長時代の感覚を忘れず、その先には夕張の皆さんと過ごした日々と同じように道民の皆さんがいる、ということを心に刻んで取り組んでいきたいと思っています。

第6章

北海道から日本を変えるために

■複眼思考で未来を考える

今、北海道は「人口減少と少子高齢化」という日本全体の問題にも通じる課題に取り組んでいます。そこで北海道が先駆的行動を起こすことで、日本が抱える社会課題を解決に導き得るモデルになれると私は考えています。

さらに北海道は、「エネルギー」「デジタル」「食」についての取り組みを、国や道内市町村と連携して推し進めています。この三つは、日本が持続可能な国家として発展するうえで必要不可欠なピースであり、北海道全体の価値を押し上げるキーワードでもあります。

本章では、これらの取り組みを紹介しながら、突破口をいかに見つけるか、課題の解決や実現までの枠組みをどうつくるか、どのように周囲の雰囲気を醸成していけばいいか、などについて考えていきます。

ビジネスシーンでの課題とは規模が違うと思われるかもしれませんが、

- 難しい問題だからこそ正面から向き合う
- 長い時間軸で物事をとらえる
- 縦割り組織に横串を通して取り組みを展開する
- 起こり得るリスクを組織全体で考える

・一つの成功が次の成功へと連鎖する

等々、課題の大小にかかわらず共通する「キモ」は多いと思います。
まず**必要なのは、世界の動向を俯瞰《ふかん》して戦略の糸口を探す「鳥の眼」と、その戦略を実行したときに生じ得る障害や問題への具体的対策を考える「虫の眼」。つまり複眼思考です。**複眼思考を繰り返し実践していけば、何か一点でも突破口は必ず見つかると私は信じています。

■「課題先進自治体・北海道」だからできること

人口の減少と少子高齢化は、北海道にとって大きな課題です。

二〇二二年八月に発表された総務省の「住民基本台帳に基づく人口、人口動態及び世帯数調査」によると、北海道の人口（外国人を除く）は約五一五万人。前年より四万二〇〇〇人以上減り、全都道府県で最大の減少幅となりました。高齢化率（総人口に占める六十五歳以上人口の割合）は三二・四九パーセントで、日本全体の高齢化率（二九・〇パーセント）を約三・五ポイント上回っています。

また、未婚率の上昇や核家族化の進行などにより、全国を上回る速さで少子化が進んでいます。二〇二一年の合計特殊出生率（女性が一生の間に産む平均の子ども数）は一・二〇で、全国の一・三〇を下回り、四七都道府県中四五位という状況です。

人口減少と少子高齢化は、産業経済や行政サービスのみならず、そこに住む方々の生活全般に大きな影響を及ぼします。夕張で身をもってそれを体験した私は、二〇一九年の知事就任後、公約に掲げていた「結婚支援」「子育て支援」「買い物サービスなど生活機能の確保」「移住・定住の促進」「企業誘致」など、さまざまな施策を実施してきました。

やるべきことはすべてやる。これは当然のことです。

ただ、私は道議会で「当面の人口減少は残念ながら避けられません」と話しました。今日生まれた子は、十八年経たないと成人しません。合計特殊出生率をいきなり二倍、三倍に増やすことも難しい。私が夕張で学んだのは、**厳しい問題であればあるほど、きちんと正面から向き合い、実現可能な解決の糸口を見つけていかなければいけない**、ということです。

北海道の場合、定住人口や、観光・仕事などで北海道を訪れる交流人口を増やすことももちろん大事ですが、さらにそこから一歩踏み出して、北海道に愛着を持ち、地域課題に関わってくれる人たち、すなわち「関係人口」をいかに増やして道全体を活性化していくかが非常に重要な糸口だと、私は考えています。

この発想は夕張市長時代に生まれ、当時は市職員たちと「関わり人口」という言葉をつくって地域の活性化に取り組んでいました。道知事選では、「関係人口という新しい尺度を創出しましょう」と、道民の皆さんに訴えました。その後、図らずも政府から、地方創生の新しい柱として関係人口の創出に国を挙げて取り組む、との発表があったのです。

北海道には関係人口を創出する大きな力があります。「北海道には住んでいないけれど、スキーが大好きで毎年冬に北海道旅行をするのが楽しみ」「以前、仕事で一年間函館に住んでいた。魚介類のおいしさが忘れられなくて、その後も毎年注文している」など、何らかの関わりから北海道にほれ込んだ方々が、実にたくさんいらっしゃる。

それは、「ふるさと納税」の寄付総額からも明らかです。二〇二一年度のふるさと納税で、北海道は個人版（総額約一二二七億円）・企業版（総額約三九億円）ともに、都道府県別の寄付総額で全国一位となりました。二〇一八年からの三年間で、個人版は約二・四倍、企業版は約一七倍に増え、市町村にとって本当に貴重な財源になっています。

道庁では二〇一九年九月に、北海道にゆかりや想いのある企業や団体、個人の方々をつなぐネットワークとして、「ほっかいどう応援団会議」を立ち上げました。私や市町村長が道内外の企業などに対し、地域の魅力や応援を求める取り組みを直接ＰＲする場として、「ほっかいどう応援セミナー」を開催しているほか、「ほっかいどう応援団会議ポータルサイト」を通じて、こうした情報を一元的に発信することで、幅広い支援の獲得につなげていきます。

企業などにも言えると思いますが、**いわゆるファンをしっかり取り込んでいくことは、より多彩な人たちに課題解決や組織の活性化へ参画してもらうことにつながります。**

北海道への応援の形は、ふるさと納税やクラウドファンディングなど資金面での支援、官民連携による北海道をフィールドとした事業の実施、ボランティアへの参加などさまざまです。こうした関係人口の創出などに力を入れたことで、道外への人口流出は大幅に改善し、二〇二〇年には二十五年ぶりに道内人口が社会増（転入と転出の差がプラス）になりました。多くの方々の知恵と力をお借りしながら、道が抱えるさまざまな課題を解決していきたいと考えています。

■「ゼロカーボン北海道」宣言

「二〇五〇年までに温室効果ガス排出量の実質ゼロを目指します」

二〇二〇年三月、北海道庁は国に先駆けてこのように表明しました。菅義偉総理が同様の表明をしたのは、同年十月のことです。

この「ゼロカーボン北海道」宣言に至るまでの背景を、少し述べておきましょう。

当時の環境大臣は小泉進次郎さんでした。小泉大臣は、二〇一九年九月の就任以来、政府内で脱炭素化の早期実現を訴える一方で、各都道府県の知事に直接電話をして「カーボンニュートラルに協力してほしい」と要請していました。ちなみに、小泉さんと私は同い年です。

私のところにも要請があり、「もちろんやります」とお答えしました。そのとき私が、

「でも、これは都道府県単位で小刻みにやることではないですよね。脱炭素化は世界の潮流です。国がイニシアチブをとって、何年までにカーボンニュートラルを実現すると目標を示し、各都道府県が特色に応じて取り組むべきです。私は、国としてカーボンニュートラルを宣言すべきだと思っています」と申し上げると、

「おっしゃる通りです。しかし今は、国としてはできないのでこうしてお願いしているのです」

とのお答えでした。当時の政府や各省庁には、脱炭素化の目標をできるだけ低くしておきたい立場の人もいて調整が難航していました。小泉大臣は、世界の潮流であるカーボンニュートラルを日本でなんとか実現しなければとの強い思いから、各知事へ個別にお願いをしていたのです。

それならば、国がやる前に北海道がゼロカーボンを宣言してしまおう、と決断しました。北海道には、日本の脱炭素化を前進させるポテンシャルがあるからです。

CO_2（二酸化炭素）などの温室効果ガスの排出量の削減に大きく貢献するのは、太陽光・風力・地熱・中小水力・バイオマスといった再エネ（再生可能エネルギー）による発電です。

この再エネの導入ポテンシャルにおいて、北海道は我が国随一なのです。

風力、太陽光、中小水力発電のポテンシャルは全国一位、地熱発電でも全国二位。特に、再

エネの「切り札」とされる洋上風力発電の導入ポテンシャルは、全国の三割近くを占めています。風況の良い日本海側の五地域は、環境省から「一定の準備段階に進んでいる区域」に指定されていますが、この五地域を「促進区域」に指定してもらえば、今後のポテンシャルはさらに高くなります。

また、全国一豊かな森林資源がある北海道は、光合成によるCO_2の吸収量が非常に高い。国は、日本全体のCO_2吸収源の四分の一を北海道に依存しています。森林を守り、植林で拡大していけば、吸収率はさらに上がります。

北海道のこうしたポテンシャルを最大限発揮すれば、日本の脱炭素化に大きく貢献することができるのです。逆に言えば、北海道が再エネポテンシャルをさらに高め、温室効果ガスの吸収源としての役割を果たしていかないと、日本のカーボンニュートラルは実現困難になり、世界の潮流から大きく後退してしまう可能性があります。

こうした世界的視野に立つとともに、道内に視線を転じれば、地域の方々や経済界・産業界と認識を共有したうえで投資を呼び込み、たとえば洋上風力発電施設のメンテナンス拠点となる基地港湾を整備すれば、新たな雇用や産業を創出して地域を活性化することができます。

道内に「経済と環境の好循環」を生み出すという観点からも起爆剤になると考え、国に先駆けて「ゼロカーボン北海道」を宣言したのです。

その際、北海道と国との連携の重要性を当時の菅官房長官にお話しし、「骨太の方針二〇二一」に「ゼロカーボン北海道」の推進を明記してもらうことになりました（二二年にも連続記載）。「北海道」と冠した、ある意味ローカルな政策が「骨太の方針」に入るのは異例なことで、国の政策推進における北海道の大きな位置づけが明確になっています。

さらに、「ゼロカーボン北海道」を推進する体制づくりとして、気になっていたのは、「みんなで考える仕組み」がなかったことでした。各省庁ではカーボンニュートラルという目標に沿ってそれぞれのやり方で個別に取り組みを進めていました。こうしたやり方が、よく「縦割り」といわれることは皆さんもご存じだと思います。会社でもトップからひとつの目標が提示されたときなどに「それは他の部署の主導でやることだから」などと、部署間で温度差が生まれることは多いと思います。しかし、そうしたことでは目標を達成するのは難しい。どんな組織でも目標を進める手順は基本的には変わらないと思います。その手順を曖昧にするか、きちんと仕組みづくりをするかは目標の達成に大きく関わるのです。そこで私はその後内閣総理大臣に就任した菅総理に「環境省、経済産業省、国土交通省などの関連各省庁が横展開で北海道と連携するタスクフォースをつくってください」とお願いしました。日頃から菅総理は「省庁の縦割りを打破する」と明言されていました。ゼロカーボンのような大きな目標を達成するには、**縦割りの弊害を打破するために、関連各組織に横串を通して取り組みを展開すべきだ**と思ったのです。

これが全国でカーボンニュートラルを進めるうえでのモデルになることを願ってのことでした。

そして二〇二一年八月、東京に審議官クラスで構成する本省タスクフォース（事務局は内閣府）を、また北海道には出先機関として、北海道開発局や北海道経済産業局などが参加するタスクフォース（地方支部局レベル会合）をつくっていただき、両者が連携して「ゼロカーボン北海道」を推進していく体制が出来ました。

脱炭素化の最終目標は「二〇五〇年カーボンニュートラルの実現」ですが、その前に二〇三〇年度の中期目標があります。国は四六パーセント削減（我が国の温室効果ガス排出量が過去最高を記録した二〇一三年度比）を目標にしていますが、北海道はさらに野心的な目標として「道全体で四八パーセント、道庁実行目標五〇パーセントの削減」を掲げています。

二〇二二年十一月三十日現在、「ゼロカーボンシティ宣言」をした道内市町村は八〇。前年同期比五・五倍に増え（全国では約一・八倍）、道内の機運は急速に高まっています。

また、国では、全国の農山漁村や離島、都市部などから、二〇三〇年度までに民生部門のCO_2排出量の実質ゼロを実現するモデルとなる地域を「脱炭素先行地域」として選定しており、二〇二二年十一月現在、北海道は五件（上士幌《かみしほろ》町、鹿追《しかおい》町、石狩《いしかり》市、札幌市、奥尻《おくしり》町）と全

図5 ゼロカーボンシティを宣言している道内市町村

2022年11月30日現在、北海道と道内80市町村が宣言済み

表明市町村民数は道内総人口の79.9%

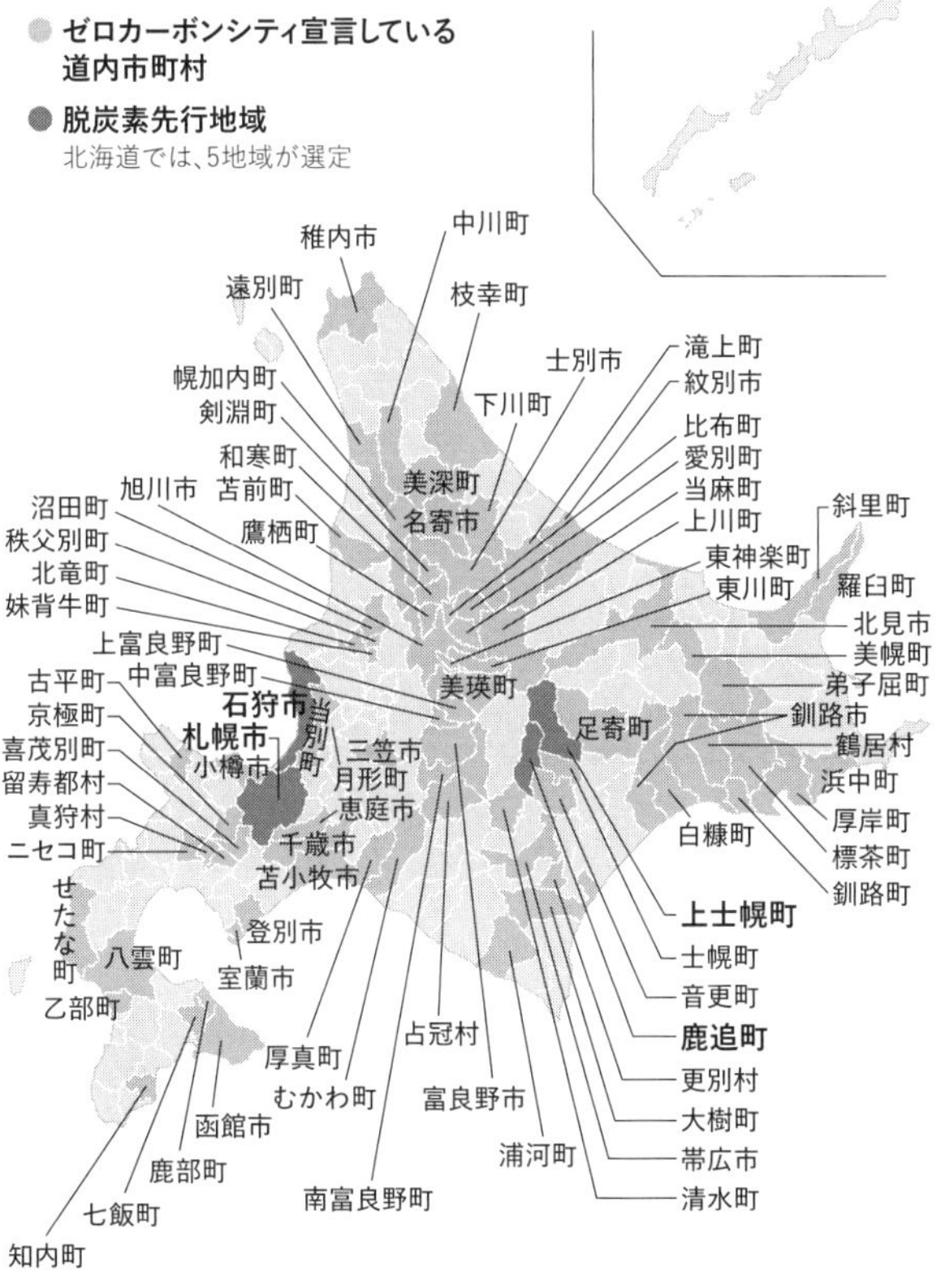

国最多となっています。選定は二〇二五年度まで年二回程度あり、道として、手を挙げる市町村をしっかりサポートしていくつもりです。

道庁では、北海道開発局（国交省の出先機関）、札幌市と連携して、道内のインフラ建設などの公共事業で「北海道インフラゼロカーボン試行工事」を実施しています。

バイオ燃料やソーラーパネル、ハイブリッド・クレーン等の環境対策型建設機械を活用するなど、工事現場における脱炭素化に資する取り組みを実施・確認できた場合は、「工事施行成績評定」で加点評価する仕組みです。例年ベースでは、道庁、北海道開発局、札幌市の三者合計で年間約五〇〇〇億円の予算規模となる公共建設工事のなかで成功例を着実につくっていき、道内の建設業界に脱炭素への機運を醸成しようという試みです。

また、道内でどれだけCO_2を排出しているか可視化する必要もあるので、環境省と協力して可視化アプリの開発に乗り出しました。排出量の可視化は各都道府県や市町村でもやろうとしていますが、全国で統一性を持たせる必要があるので、開発中のアプリの使い勝手が良ければ、横展開して全国で使っていただけるのではないかと期待しています。

ある目標に対して、いち早く「やります」と手を挙げる決断をし、目標達成に向けた戦略・実行プラン・組織体制を整備していき、周囲を巻き込んでその機運を醸成していくという手法は、持てる行動力をフルに発揮するうえで必須と言えます。その感覚は、ビジネスシーンでも応用できるのではないでしょうか。

一つの成功がさらなる成功へと連鎖する

二〇二三年、G7サミット（先進七カ国首脳会議）の「気候・エネルギー・環境大臣会合」が札幌市で行われます。二一年末に札幌市が誘致を表明して政府への働きかけを続け、私からも林芳正外務大臣との北方領土に関する面談の際などに後押しをしてきました。

カーボンニュートラルや気候変動は世界的関心事なので、この大臣会合の誘致に手を挙げた自治体は非常に多く、札幌市が開催地となったことを非常にありがたく思っています。

ゼロカーボン宣言が国の政策に明確に位置づけられたことから、北海道で「気候・エネルギー・環境大臣会合」が開かれるのは、ある意味、必然かもしれません。それが「ゼロカーボン北海道」実現への大きな弾みとなり、脱炭素化に積極的に取り組む北海道の姿を国内外へ発信する好機にもなる。このように**一つの成功が次の成功へ連鎖する、という視点で物事をつなげていくのは大事**です。

さらに、同年秋には「アドベンチャートラベル・ワールドサミット北海道／日本（ATWS北海道／日本）」が開かれます。二一年はコロナ禍でオンラインでのバーチャル開催となったため、粘り強く再招致の交渉を続け、リアル開催の決定にこぎつけました。

アドベンチャートラベル（AT）は、自然のなかでのさまざまなアクティビティや異文化体験を楽しむ旅行形態です。ヨーロッパ、北米、オーストラリアを中心に人気が高く、市場規模は日本円にして実に七五兆円と言われています。

雄大な自然に恵まれた北海道はATの好適地であり、アイヌ文化の復興・発信拠点である民族共生象徴空間「ウポポイ」（白老《しらおい》町）や、世界文化遺産に登録された「北海道・北東北の縄文遺跡群」などは、このうえない異文化体験のステージとなります。

G7の大臣会合は各国でテレビ放映されますし、参加国はATのメインターゲットとほぼ重なり、北海道に集まるのは主に環境大臣なのでATとも関連性があります。

G7サミットの大臣会合への注目をATWSにつなげ、各国のアドベンチャートラベラーに北海道の魅力を発信し、新たな旅行スタイルでの観光需要を開拓していきたいと思っています。

■北海道の再エネを本州へ――海底送電ケーブルの整備

二〇二二年夏、日本は「十年に一度」と言われる猛暑に見舞われ、電力需給が逼迫しました。同年七月の東北から九州までの電力予備率は、一部試算で三・七パーセントとなり、私の母も関東に住んでいるので、節電に苦労しているというニュースを見るたびに「冷房を我慢しすぎて体を壊したりしないだろうか」と何度も心配しました。

節電自体はいいことですが、電力不足のたびにそれを求めるのは、場当たり的な課題解決策でしかありません。二〇二二〜二三年冬の電力予備率も東北・東京エリアでは厳しい見通しが示されている一方、北海道は比較的余裕があります。

道としては、再エネを東京などの電力大消費地に融通したいのですが、その場合のルートは、津軽海峡をまたいで本州に送電する「北本《きたほん》連系」（北海道・本州間連系設備）という送電網しかなく、送れる電気の容量は九〇万キロワットに限られています。二〇二七年度には北本連系が補強されて一二〇万キロワットほど送れるようになる予定ですが、これでもまだ容量が小さい。

そこで私が考えたのは、日本海側の海底に大容量の送電ケーブルを敷設し、再エネで生産した北海道の余剰電力を本州に送る、ということでした。

これは、「本州の電力需要に応える」という、ある意味ミクロな視点からだけでなく、もっと大きな視野からも必要なことです。この海底送電ケーブルがないと、首都圏をはじめとする各地の企業に再エネ電力が十分に供給できなくなり、結果、「カーボンニュートラルを実現するなかでの経済活動」が止まってしまいます。世界の潮流であるカーボンニュートラルに貢献するうえで、この海底送電ケーブルは必要不可欠なのです。さらに、「北海道産」の再エネ電

図6 大容量海底送電ケーブルで北海道の再エネを本州へ

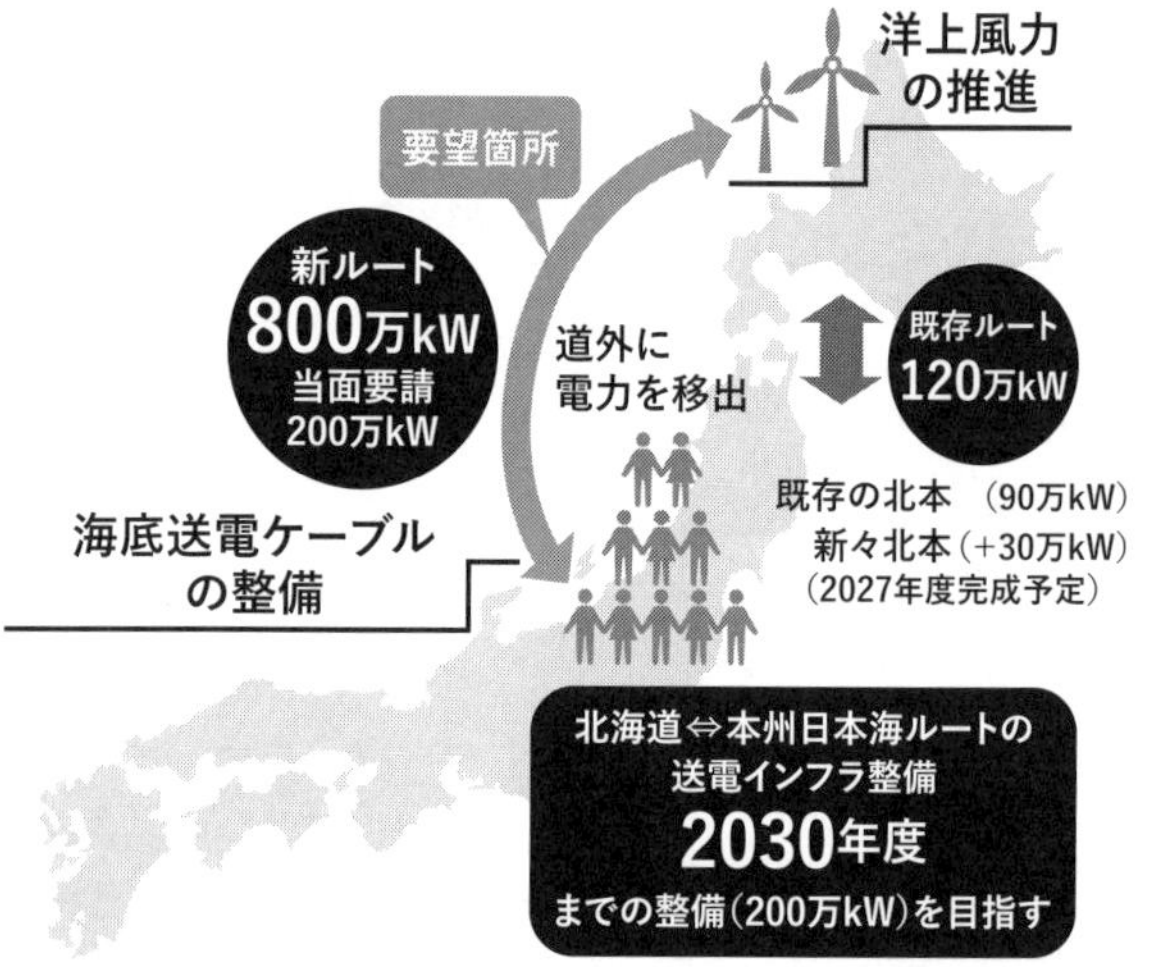

力を全国に送ることは、我が国のエネルギー安全保障にも寄与します。

これまで私は、さまざまな機会をとらえて、経済産業大臣をはじめとする閣僚の方々に、

「日本海側に大容量の海底送電ケーブルを早急に整備し、二〇三〇年度までに運転を開始すべきです。そうしないと、二〇三〇年度までに温室効果ガスを四六パーセント削減、二〇五〇年までにカーボンニュートラルを実現という政府目標は達成できなくなります」

と、再三にわたって求めてきました。

二〇二二年夏、この構想はついに動き出しました。国が、電力広域的運営推進機関（電力会社などが加入する認可法人）に対し

て、日本海側に容量二〇〇万キロワットの海底送電ケーブルを新設するよう要請したのです。将来的には計八〇〇万キロワットまで拡張することも検討されています。もちろん、北本連系の増強も着実に進めていくので、二〇〇万キロワットの海底送電網が始動すれば、現状の約三・五倍の電気を送れるようになります。

二〇〇万キロワットの海底送電ケーブルを敷設し、陸揚げするには、民間試算で一兆二〇〇〇億円ぐらいかかると言われています。こうした費用は、最終的には電力料金に上乗せされていくのが一般的です。全国民に恩恵があるわけですから、多くの皆さんで広く薄く負担していくスキームが必要です。

海底送電ケーブルの敷設エリアに想定されている海域の地質調査は、二〇二二年の夏から秋にかけて行われました。こうした動きは「一歩前進」ではありますが、重要なのは、運転開始時期を明確にすることです。道としては、二〇三〇年度の運転開始を国に要請しています。**目標が明確に決まっていれば、バックキャスティングでいろいろなことが動いていく。政治は「いつやるか」を決めることが大事**ですが、皆さんの仕事でも同様ではないでしょうか。

たとえば、国は海底送電ケーブルの敷設を機に、北海道の洋上風力発電を推進していく方針です。そこから生み出す電力を本州に送るには、海底送電ケーブルの運転開始時期から逆算して準備を進めなければなりません。現在、北海道に導入されている風力発電施設は、ほとんどがデンマーク製のため、海外の企業がかなりの熱意を持って北海道への投資を考えており、今後は新たな風力発電施設についての事業計画がどんどん出てくるはずです。

具体的な運転開始時期が決まっていれば、その間に民間企業は事業計画を立てられますし、外国からの投資で地域や道全体がどうすれば潤っていくかを考えることもできます。

また、日本でこれだけ長距離の海底送電ケーブルを敷設するには、技術的にいろいろな課題があるのですが、海外ではやっていることなので、二〇三〇年度に運転を開始すると目標を決めれば、そのための技術と知恵を世界中から集めることもできます。

その目標を決めるのは政治です。

「カーボンニュートラルも課題はありますが、まず二〇五〇年と明確な目標を決め、そこにどう行き着くかに技術と知恵を結集して進めています。海底送電ケーブルも、同じように目標を定めて進むことが必要ではないでしょうか」

私が道内の経済界などと連携し、国に対してこのように要望してきた結果、二〇二二年十二月、GX（グリーントランスフォーメーション）実行会議において、北海道と本州を結ぶ新たな海底直流送電ケーブルを、二〇三〇年度を目指して整備することが示されました。

現在、電力広域的運営推進機関で検討されている電力インフラ整備の長期展望案のなかで、北海道関連の投資は、北海道と本州を結ぶ送電ルートの新設に二・五兆円から三・四兆円、道内の系統増強に一・一兆円とされています。過去に例のない大規模な投資となるプロジェクトについて政治決断をされた岸田文雄《きしだふみお》総理をはじめ関係各所の皆様に感謝したいと思います。今回の決断は、北海道の豊富な再生可能エネルギーのポテンシャルを活かし、我が国を電力安定供給の実現とカーボンニュートラルという目標達成に向けて大きく前進させるものです。

北海道データセンターパーク

北海道では、国内外からのデータセンターの誘致に積極的に取り組んでいます。すでに道内には、石狩市や札幌市など道央地域を中心に、三八カ所のデータセンターがありますが、私はこの誘致をさらに進めていきたいと考えています。

これまで我が国では、データセンターはニーズが高いところに民間がつくっていく、という流れでした。その結果、人口規模が大きく企業の多い東京や大阪、その近辺にデータセンターが出来ました。

しかし、たとえば大規模災害が起きたとき、そこがクラッシュしてしまえば、企業の「心臓」であるデータはすべて失われてしまいます。そう考えると、まずは民のほかに公として、データのバックアップ機能をどこかに設けなければなりません。

サイバー攻撃や物理的攻撃に耐えられるような堅牢《けんろう》なデータセンターを大都市につくることも大事ですが、バックアップは必要です。どんなに防御対策を講じても、一カ所しかなければ、そこを攻撃されたらすべてアウトです。そのリスクは計り知れません。

二〇二二年夏、大規模な通信障害が発生し、携帯電話がつながらなくなる事態になりました。この出来事で、デジタルインフラの重要性を痛感した方は多かったと思います。

起こり得るさまざまなリスクをどう分散すればいいかを国家全体で考える視点が、これまでの日本には欠けていたように思います。民間に任せすぎていたため、国全体のリスク管理を政府がしてこなかったのです。それでは国家としてあまりにも脆弱《ぜいじゃく》です。私が描いているデータセンターの誘致は、政策としてリスク分散を促す、という発想に基づいています。

もともと北海道には、リスク分散の適地としての優位性が数多くあります。

まず、地理的優位性。北海道は大阪から一六〇〇キロメートル、東京から一一〇〇キロメートル離れているので、大規模災害の同時被災リスクはきわめて低い。広大な土地を、大都市圏に比べてかなり安価に提供することもできます。

次に気候。データセンターは大量の熱を発生するので、世界的に見ると、北へ北へとつくられています。冷涼な気候の北海道は空調電力の削減が可能です。外気によるフリークーリングと雪氷冷房を活用した場合、東京における一般的な空調と比べて、消費電力と二酸化炭素排出量を約九〇パーセントも削減することができるのです。

そして、前述したように、北海道には豊富な再生可能エネルギーがある。これからゼロカーボンの時代になっていくことを考えると、大量に電気を使うデータセンターは、どうしても再エネ電力がほしいはずです。

また、北海道は東アジアにおいて地理的に北米や欧州と最も近接しており、今後、国際的な光通信ケーブルの陸揚げも期待されています。陸揚げ局が設置されれば、アジアのゲートウェイとなる可能性があり、道内のデータセンタービジネスはさらに活性化する。つまり、投資のチャンスが拡大するわけです。

これらのメリットを考えれば、データセンターを北海道につくることは「必然」と言っても過言ではありません。

二〇二二年十一月、私は、北海道が国全体のなかで果たすべき役割を踏まえつつ、北海道の優位性である豊富な再生可能エネルギーの活用を軸に、次世代の大規模なデータセンターの集積を目指す北海道データセンターパークについて提案しました。すでに石狩市では、再生可能エネルギーを一〇〇パーセント活用した次世代データセンターの立地が表明されています。

また、データセンターパークを核に、デジタル関連産業の誘致や振興、地域ＤＸ（デジタルトランスフォーメーション）の推進に取り組んでいくことも重要と考えています。この両輪で、北海道に新しいデジタルのエコシステムをつくり上げていきます。

■「デジタル田園都市スーパーハイウェイ構想」に北海道を！

二〇二一年十月八日、岸田文雄総理は、第二〇五回国会での所信表明演説のなかで、「新しい資本主義」を実現するための成長戦略の柱の一つは「デジタル田園都市国家構想」である、と表明しました。地方活性化の一環として、地方からデジタルの実装を進めて都市との差を縮めていき、5G、半導体、データセンターなど、デジタルインフラの整備を進める、ということでした。

具体的な計画は、同年十二月六日の第二〇七回国会での所信表明演説で早速発表されました。「デジタル田園都市スーパーハイウェイ」（以下、スーパーハイウェイ）構想です。

日本列島を周回するかたちで海底に光通信ケーブルを敷設し、今後さらにデータ通信量が増加していくなかで、太平洋側、日本海側どちらかの通信ケーブルが破損したとしても、もう一方がつながっているのでインフラは確保できるという内容で、これらの整備を二〇二五年度末までに完了させることを目指す、とされています。

ところが、その直後に総務省が公表したスーパーハイウェイの構想図には、北海道が含まれていなかったのです。

図7 デジタルインフラの整備イメージ

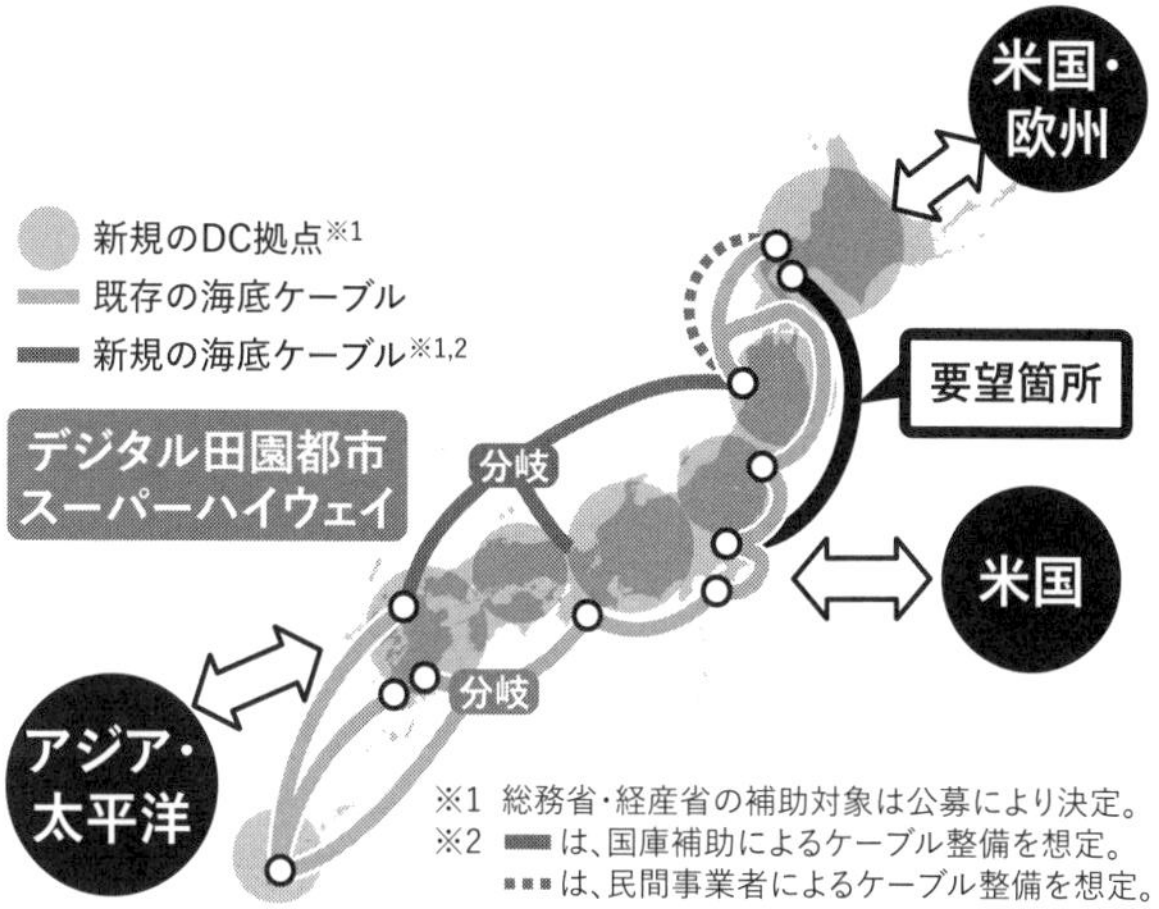

※1 総務省・経産省の補助対象は公募により決定。
※2 ▬ は、国庫補助によるケーブル整備を想定。
▪▪▪ は、民間事業者によるケーブル整備を想定。

図7をご覧ください。北海道と東北をつなぐ短い線が日本海側に二本描かれています。実線は既存の海底光通信ケーブル。破線は民間レベルで北海道と秋田県を結ぶ新規のケーブルで、二〇二三年末に完成予定です。いずれも鉄道の「盲腸線」のような存在です。

一方、「要望箇所」と書いてある太平洋側の太い線は、道庁で入れたものです。総務省が公表した構想図には、この線が入っていないのです。それどころか、当初の構想図では二つの「盲腸線」も抜けていて、北海道はまったくの対象外という扱いでした。

驚いた私は、翌二二年一月、金子恭之《やすし》総務大臣にお会いし、こう申し上げました。

「スーパーハイウェイ構想から北海道が完全に抜けています。岸田総理は、日本列島を周回するかたちでと所信表明されていますから、抜けているということは今後の見直しにならないでしょうか」

その後、総務省の構想図には「盲腸線」が入りましたが、道庁が要望した線は入っておらず、北海道がスーパーハイウェイの循環のなかに入るのかどうか明確ではありません。

東北と九州は日本海側と太平洋側で結ばれて強靱性が確保されています。図7に「分岐」と書いてある日本海側の部分は国の補助対象で、五〇〇億円の予算が計上されています。

一方、北海道と東北を結ぶ二つの「盲腸線」は、大地震があると物理的に断線する危険性があります。太平洋側にも海底光通信ケーブルを敷いて強靱性を確保しないと、「ゼロカーボン北海道」や日本最大規模のデータセンター誘致のネックになる可能性があります。

道民の皆さんの利便性はもちろんのこととして、スマート農林水産業の推進や、デジタル関連の産業集積を図るうえでも、太平洋側の海底通信ケーブルは絶対に必要です。

道庁では、国のデジタル政策に関する内閣官房参与も務める慶應義塾大学の村井純教授を顧問にお迎えし、デジタル分野の取り組みを加速しています。村井先生にご意見をお聞きしたところ、やはり「これはおかしい」とおっしゃっています。

私は、北海道のためだけに言っているのではありません。日本全体で強靱なデジタルインフラを構築していくためには、太平洋側の海底光通信ケーブルが必要不可欠なのです。「できるか、できないか」ではなく、絶対にやっていただかなくてはならない。

このことは岸田総理にも申し上げています。金子総務大臣には、「北海道こそデジタルインフラの整備をすべきです。北海道から首都圏に海底光通信ケーブルをしっかりつないでいただきたいです」と、お願いしました。私は、国は必ずやってくれると信じています。

なお、二〇二二年十二月に閣議決定されたデジタル田園都市国家構想総合戦略では、要望していた線（図7の「要望箇所」）が破線で記載されました。

■食料安全保障に寄与する北海道農業

ロシアのウクライナ侵略によって、小麦やトウモロコシなど穀物の価格が高騰し、日本でも国民生活に大きな影響を及ぼしています。

諸外国の食料自給率をカロリーベースで見ると、日本はわずかに三八パーセントで、ドイツ、イギリス、オランダ（いずれも六〇パーセント以上）と比べて危うさが際立っています。食料自給率を高めることの重要性は以前から叫ばれていましたが、この世界情勢のなか、いざというときに食料確保が危ういことを国民の皆さんは実感していると思います。

国の「骨太の方針」にも、二〇二二年度に食料安全保障が初めて記載されました。これは、日本の食料供給地域・北海道の役割が、より重要になったということです。

そこで道庁は、新たな数値目標を設定しました。北海道の食料自給率は国内トップで、二〇一八（平成三十）年には一九六パーセント、現在は二〇〇パーセントを超えています。これを二〇三〇年に二六八パーセントまで増やし、我が国におけるカロリーベースでの食料自給率の三〇パーセントを占めるようにする、という目標を国に対して示したのです。

そのうえで、道庁に食料安全保障の専門チームを立ち上げました。政府にもそのパートナーとなるものをつくってほしいとお願いしたところ、農林水産省がチームを立ち上げ、すでに日本の食料安全保障の強化について話し合いを始めています。

また、輸入依存穀物である小麦、大豆、子実用トウモロコシを北海道産に切り替え、増産を図ることにも挑戦しています。国産小麦の六割を生産し、子実用トウモロコシや大豆など豆類の生産量でも大きな割合を占める北海道だからこそ、果たせる役割です。こうした意識を農家の皆さんと共有し、全国に伝えていくことが大事だと考えています。

これまでにも我が国では食料の輸入が滞ったことがありましたが、輸入が再開されて食料が十分供給されるようになると、「喉元過ぎれば熱さを忘れる」で、しだいに忘れていくことが多かったと思います。しかし、輸入依存度の高い主要な穀物については、自国での生産体制を強化する必要がある。それは、広く国民が共有する認識ではないでしょうか。

「おいしい食べ物がたくさんある北海道」を大切にしつつ、さらにそこから「国民の食を支える北海道」へと挑戦を続けていくことは、国家の食料戦略上きわめて重要な取り組みであり、北海道の価値をより高めることにもつながると思っています。

課題を多面的にとらえ、長い時間軸で見る

読者の皆さんは、日々、仕事や人間関係などさまざまな課題にぶつかっていると思います。私や道庁の職員たちも同じです。その際、私が心掛けているのは、**課題の一面だけをとらえず、いろいろな方向から多面的にとらえる**こと。これは、職員の皆さんにもお願いしています。

たとえば夕張市は日本で最も短い期間で急激に人口が減少しました。そのため市長時代には「夕張は大変ですね」と言われ続けてきました。しかし、発想を転換すると、人口が急激に流出したということは、全国に後ろ髪をひかれる思いで夕張を離れた「応援団」がたくさんいる、ということです。企業版ふるさと納税で日本最多の寄付をいただいたことが、それを証明しています。

知事になってからは「北海道は人口減少と少子高齢化で大変ですね」と言われます。けれど、視点を変えて長いスパンで見れば、その「大変」は、そう遠くない将来、日本全体に降りかかり、「自分事」になってしまうという現実が、残念ながらあるのです。

二〇二〇年の日本の総人口は一億二六二二万人でしたが、国立社会保障・人口問題研究所の試算では、四十数年後の二〇六五年には八八〇八万人に減っています。六十五歳以上の高齢者は約二・六人に一人、七十五歳以上の後期高齢者は約三・九人に一人になっています。

一方、六十五歳以上の高齢者を十五～六十四歳の人たちで支える割合は、二〇二〇年には二・一でしたが、二〇六五年には約半分の一・三と推計されています。二人で一人の高齢者を支える時代から、なんと一人で支える時代に変わっているわけです。

現在三十五歳の人たちは、二〇六五年には七十代後半になっています。そのときの平均寿命は、男性がほぼ八十五歳、女性が九十一歳を超えるそうです。余生は長い。しかし、自分が支えられる当事者側になったとき、日本全体が「北海道は大変ですね」と言われている以上の厳しい状況になっているのです。そうなる前に何をすべきかが今、問われています。

人口減少や少子高齢化の「課題先進自治体」である北海道で、その課題に対応した政策を実施し、効果を実証していけば、今後日本が抱えることになる将来の社会課題の解決につながるモデル的事例になるのではないかと私は思っています。

目の前の課題を課題として受け入れることも大事ですが、長い時間軸で見ると、どんな問題が生じてくるのか、どのように見方を変えれば解決の手立てが見つかるのか、というところに意識を向ける複眼思考が、これからの日本では非常に重要になってくるはずです。

北海道から日本を変えるために

本章で取り上げたテーマは、どれも日本の将来を左右する重大かつ難しい課題です。国民の共感を得なければ、課題解決の取り組みは前に進んでいきません。

共感を得るためにまず大事なのは、それぞれの課題を可視化し、どれも国民生活に直結するものであると国民に示すこと。言葉を換えれば、国民の皆さんに「自分事」として認識していただくことです。

あとは、課題解決のために何をするか、という具体的な提案です。それが解決に向けて一歩を踏み出す動機になります。

解決のための大まかなプロセスを構築し、「いつまでにやる」というはっきりした目標を設定して、「明確な方向性を示して挑戦しているのだから応援しよう」という周囲の空気を醸成していく。目標が明確であれば、そこに向けてさまざまな準備をスムーズに進められますし、解決のためのプロセスに修正が必要な場合でも、臨機応変に対応できるはずです。

そして、小さな実践事例や成功事例をつくり、それらを積み重ねていく。

大きくて難しい課題を解決していくには、「ここまででワンセット」という感覚が私にはあります。夕張市長時代にも、このやり方で財政再生計画の抜本見直しを実現したことは第3章で述べた通りです。この手法は、役所や企業などが大きなプロジェクトを遂行していく場合にも応用できるのではないかと思います。

問題は、誰がその突破口を開くか、ということです。

すでに述べてきた通り、本章で挙げた課題について私は、北海道が「国への提案」という形で突破口を開くべきだと考えました。

国全体の動きをリードしながら、道内のさまざまなプレーヤーによる先鋭的な取り組みの価値をさらに高め、底上げしていく役割が道庁にはある、と考えています。

「エネルギー」「デジタル」「食」をキーワードとする新たな時代のインフラ整備について、明確な目標年次を決め、私が先頭に立って、オール北海道で挑戦していく。

そのために必要な決断と行動を実践していく覚悟が、今の私にはあります。

おわりに

「北海道は今、時代の岐路に立っている」

私はそう考えています。

これまで北海道はポテンシャルがあると言われながらも、その存在感を示す機会はそう多くありませんでした。

一方、このコロナ禍とそれに続く出来事により、日本における多くの課題が浮き彫りになってきました。

たとえばロシアのウクライナ侵略により、穀物の価格が高騰したことで、日本の食料安全保障への関心が高まることになりました。これまで輸入に依存してきた穀物の問題など、今後は我が国最大の食料供給地域である北海道の果たすべき役割はとても大きくなると思います。

また、本州での電力の逼迫が叫ばれるなか、再生可能エネルギーのポテンシャルが最も高い北海道から、本州に電力を大量に送ることのできる海底送電ケーブルの整備は、日本全体でカーボンニュートラルに取り組むうえでも大変重要になってくるでしょう。

さらに、コロナ禍で浸透しつつあるリモートワークやＩＴを活用した利便性の向上。これまでデータセンターは東京や大阪を中心に整備されてきましたが、災害に対するリスク分散という観点や、省エネ化やカーボンニュートラルに大きく貢献する冷涼な気候や豊富な再生可能エネルギーといった立地優位性により、北海道を選ぶ企業や団体が増えてきています。二〇二二年夏の大規模な通信障害により、現代の通信技術の重要性を再認識した方も多かったのではないでしょうか。

これら日本に突き付けられている課題解決のカギを握っているのが北海道です。

今が北海道のポテンシャルを最大限に発揮すべき岐路であると、私は考えています。

現在、北海道が日本の先陣を切って推し進めている「エネルギー」「デジタル」「食」への取り組みは、北海道だからこそ実現できる未来への糸口なのです。

二〇二六（令和八）年度、私が市長を務めた夕張市が借金を完済し、その後日本で唯一の財政再生団体から正式に脱却します。

一方で、北海道には現在六兆円の借金があり、厳しい財政状況にあることも事実。奇しくも二〇二六年度は、バブル景気崩壊後に経済対策として大量に発行した道債の償還がピークを迎え、北海道はこれまでで最も財政が厳しくなります。

どうやって北海道の抱える借金を軽減しながら、この時代の岐路に立ち向かっていくのか――。この課題に対峙《たいじ》するとき、日本で唯一「財政破綻した自治体」として巨額の借金を抱え、その借金を返済しながら、なおかつ地域を再生するという「両輪」で考え続けた前例なき夕張市での経験が、私の大きな力となっています。

さまざまな逆境にあるなか、自分が今の役目をいただいたことにはきっと意味がある。

私は、そう考えています。

未来への希望を生み出し、その目標に向かう原動力を集め、先陣を切っていくのは政治家の役目です。そして、北海道には、その逆境をひっくり返すだけの潜在力があります。

未熟な私を見守り、育ててくれた多くの絆と、その絆を与えてくれた北海道の地に恩返しをしたい――。

その一心でこれまで働いてきました。

これからも、この気持ちを忘れず、直向《ひたむ》きに、北海道をさらに前へ進めていくための挑戦を続けていきたいと思います。

二〇二三年一月

鈴木直道

構成　竹内恵子
編集協力　岡村啓嗣

PHP新書

PHP INTERFACE
https://www.php.co.jp/

鈴木直道［すずき・なおみち］

1981年3月14日生まれ。埼玉県三郷市出身。1999年、東京都庁入庁。2004年、法政大学法学部法律学科卒業（都庁に勤めながら4年間で卒業）。2008年、夕張市へ派遣、2010年4月、東京都知事本局総務部より内閣府地域主権戦略室へ出向（同年、夕張市行政参与に就任）、2010年11月、夕張市市長選出馬の決意を固め東京都庁を退職。2011年4月、30歳1カ月（当時全国最年少）で夕張市長に就任。夕張市の財政再建に道筋をつける。2019年4月、38歳1カ月（当時全国最年少）で北海道知事就任。著書に『やらなきゃゼロ！』（岩波ジュニア新書）、『夕張再生市長』（講談社）がある。

逆境リーダーの挑戦

最年少市長から最年少知事へ

（PHP新書 1342）

二〇二三年三月一日　第一版第一刷

著者――鈴木直道
発行者――永田貴之
発行所――株式会社ＰＨＰ研究所
東京本部――〒135-8137 江東区豊洲5-6-52
ビジネス・教養出版部 ☎03-3520-9615（編集）
普及部 ☎03-3520-9630（販売）
京都本部――〒601-8411 京都市南区西九条北ノ内町11
組版――株式会社ＰＨＰエディターズ・グループ
装幀者――芦澤泰偉＋児崎雅淑
印刷所 製本所――図書印刷株式会社

ISBN978-4-569-85408-3

ＰＨＰ新書刊行にあたって

「繁栄を通じて平和と幸福を」（PEACE and HAPPINESS through PROSPERITY）の願いのもと、ＰＨＰ研究所が創設されて今年で五十周年を迎えます。その歩みは、日本人が先の戦争を乗り越え、並々ならぬ努力を続けて、今日の繁栄を築き上げてきた軌跡に重なります。

しかし、平和で豊かな生活を手にした現在、多くの日本人は、自分が何のために生きているのか、どのように生きていきたいのかを、見失いつつあるように思われます。そして、その間にも、日本国内や世界のみならず地球規模での大きな変化が日々生起し、解決すべき問題となって私たちのもとに押し寄せてきます。

このような時代に人生の確かな価値を見出し、生きる喜びに満ちあふれた社会を実現するために、いま何が求められているのでしょうか。それは、先達が培ってきた知恵を紡ぎ直すこと、その上で自分たち一人一人がおかれた現実と進むべき未来について丹念に考えていくこと以外にはありません。

その営みは、単なる知識に終わらない深い思索へ、そしてよく生きるための哲学への旅でもあります。弊所が創設五十周年を迎えましたのを機に、ＰＨＰ新書を創刊し、この新たな旅を読者と共に歩んでいきたいと思っています。多くの読者の共感と支援を心よりお願いいたします。

一九九六年十月

ＰＨＰ研究所